C O N T E N T S

は　じ　め　に

数あるウクレレ曲集の中から本書を手にとっていただき、ありがとうございます。

昨今のウクレレブームにより、テレビやラジオなどからウクレレのサウンドをよく耳にするようになりました。ジャンルを問わず、伴奏楽器としてはもちろん、弾き語りやソロなど演奏方法もさまざまで、この小さく手軽な楽器が秘めた大きな可能性が感じられます。

本書はこれからウクレレを始める方や少し弾けるようになった方が、ソロ楽器としてのウクレレを楽しめるように制作しました。

ご自分のペースで、休日にゆるりとウクレレ、そんな時間を過ごしてみましょう。

演奏のまえに

1. チューニング

演奏の前には、各弦の音の高さを合わせる「チューニング」が必須です。慣れるまでは少し時間がかかるかもしれませんが、しっかりとチューニングできるように頑張りましょう。

チューニングには使いやすい「クリップ式チューナー」の使用をおすすめします。最近では多くのプレイヤーが使っています。チューナーを使って常に安定したチューニングを心がけてください。

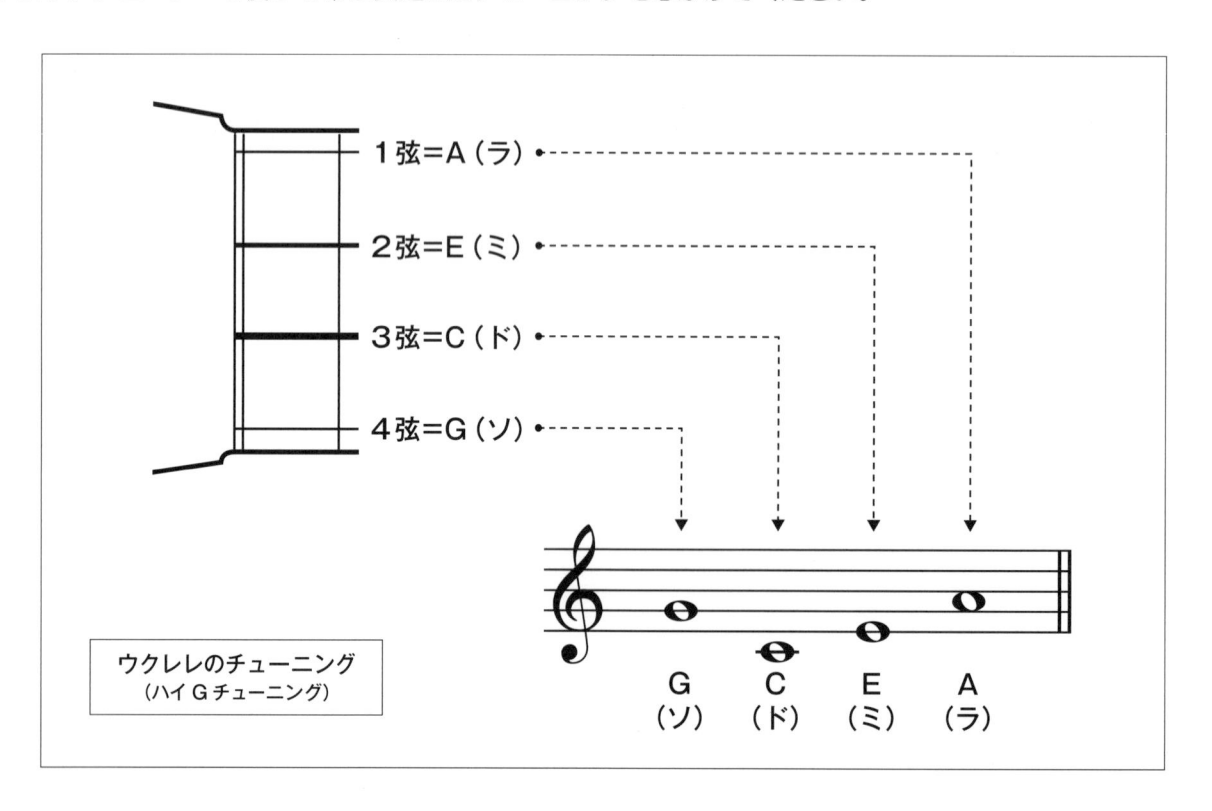

1弦=A（ラ）
2弦=E（ミ）
3弦=C（ド）
4弦=G（ソ）

ウクレレのチューニング
（ハイ G チューニング）

G　C　E　A
（ソ）（ド）（ミ）（ラ）

【注】一般的に販売されているウクレレのほとんどは「ハイ G 弦」が張られていますが、昨今では、より豊かな表現力を出すため「ロー G 弦」に張り替えて演奏する場合があります。
本曲集はすべて「ハイ G」用にアレンジしてあります。「ロー G」でも演奏できますが、その場合、4 弦は 1 オクターブ低い音が出ることを理解しておいてください。

2. TAB（タブ）譜の読み方

　音符（五線譜）を読むのが苦手な方のために、ポピュラー系の多くの弦楽器では「TAB譜」が用いられています。TAB譜では、それぞれの弦を表す線の上にフレットの数字が書かれているため、押さえる場所が直感的にわかるメリットがあります。

　では、ドレミファソラシド（Cメジャー・スケール）で、弦とフレットの位置を確認してみましょう。数字が「0」の場合は開放弦といい、どこも押さえずにその弦を弾きます。

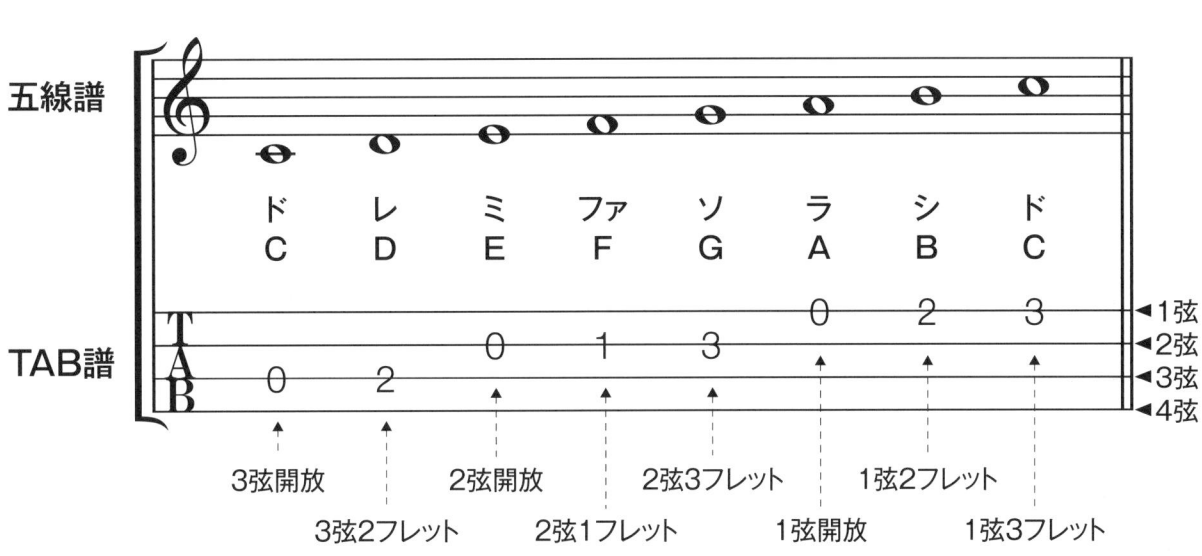

本曲集のTAB譜では、曲のメロディーの音を太字の数字にしてあります。

すべての音を押さえるのがむずかしい場合は、メロディーだけを弾いてみましょう。

太字の数字がメロディーです。コードを押さえるのがむずかしい場合はメロディーだけ弾くこともできます。

3. 演奏のポイント

　ウクレレといえばどのような弾き方をイメージされますか？　おそらく多くの方が、右腕を振って人差し指で弾く姿をイメージすると思いますが、この曲集のようにメロディーとコードを一人で奏でるソロ演奏の場合は、主に親指で演奏します。

親指での弾き方

　写真①②のように右手の親指以外の4本の指でウクレレを支え、親指を振り下ろして音を出し、弾き終わった次の弦で親指を止めます。

①親指以外の指を添えて支えましょう

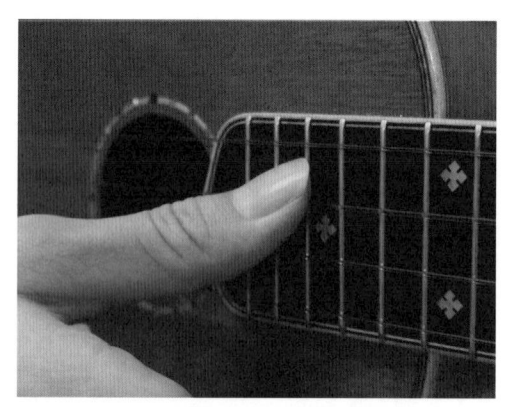

②親指で4弦を弾いた後に3弦で止める

　TAB 譜の数字を弾くのことはもちろんですが、必要のない音はしっかり止めましょう。弦に触れると音は止まります。譜例Ⓐのように、3本の弦しか弾かないような場合は、親指は4→3→2弦を順番に鳴らした後、1弦に当てて止めます。これで1弦をミュート（音を止めること）することができます。

譜例Ⓐ

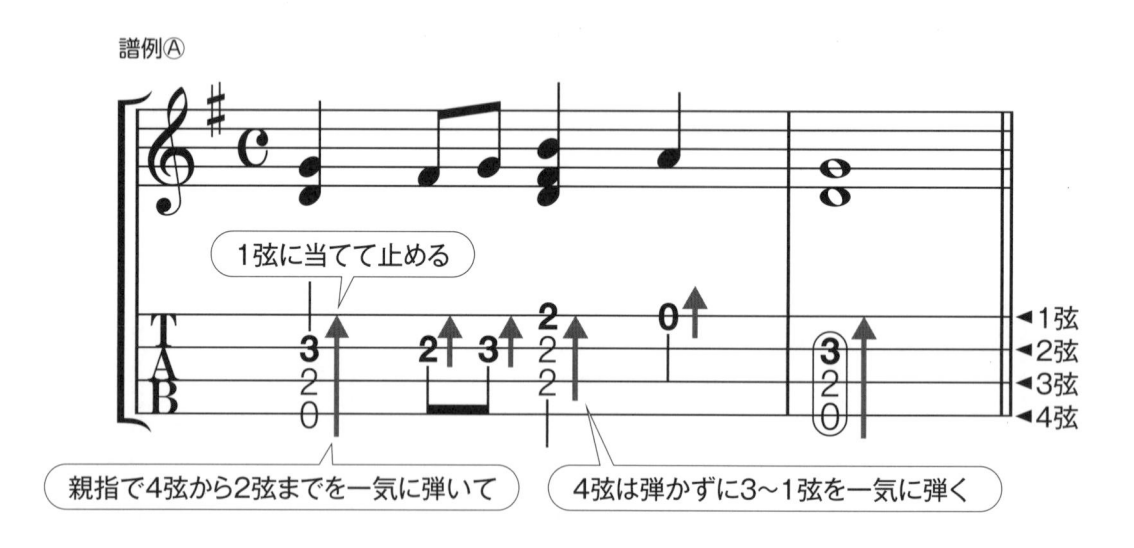

コードを弾く時のポイント

　ソロ演奏では、コードを鳴らしながらメロディーも弾かなければなりません。メロディーに気をとられているとコードがおろそかになりがちですが、できる限り次のコードが出てくるまで押さえ続けるように心がけましょう（右ページ譜例Ⓑ）。音がとても豊かな響きになります。

譜例Ⓑ

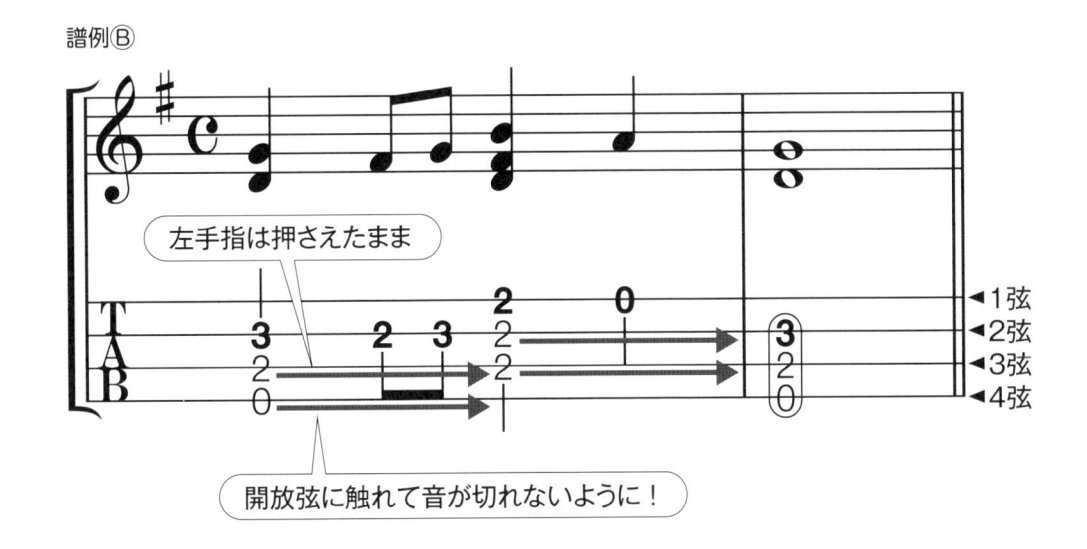

左手指は押さえたまま

開放弦に触れて音が切れないように！

◀1弦
◀2弦
◀3弦
◀4弦

ストラミングでの弾き方

　速いテンポの曲などで、譜例Ⓒのように連続したコードを演奏する場合は「ストラミング（ストローク）」での演奏をおすすめします。

　ストラミングは、右腕を振って人さし指で弾きます（写真③）。人さし指の爪が弦に当たるように腕全体を軽く振るのがポイントです。上から下に振り下ろす弾き方を「ダウン・ストラミング」、下から上に振り上げる弾き方を「アップ・ストラミング」といいます。

譜例Ⓒ

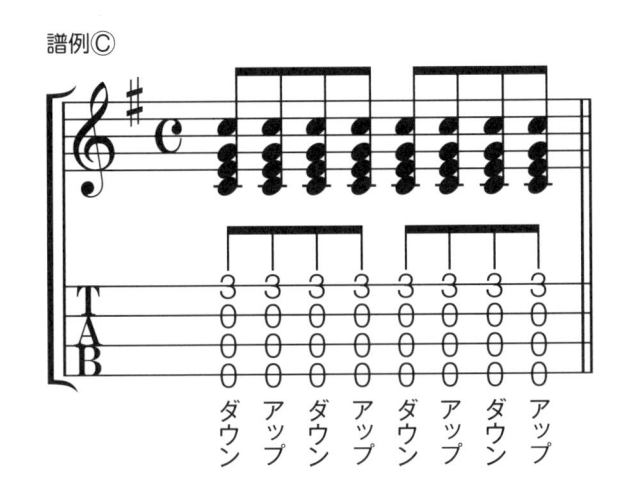

ダウン　アップ　ダウン　アップ　ダウン　アップ　ダウン　アップ

③構え方（ストラミングでの演奏の場合）

④. 本曲集のアレンジとテンポについて

　本曲集の楽譜は、ソロ・ウクレレ用に原曲をアレンジしたものです。ウクレレ用に、リズムスタイルやキー（調）にアレンジを加えていますので、原曲よりも遅く感じたり、歌いにくいと思われる場合もあるかもしれませんが、ご了承ください。

　また、速度表示は記載しておりません。付属のCDを聴くとだいたいのテンポのイメージがつかめると思いますが、あくまでもソロ演奏です。ご自身の演奏しやすいテンポで、ゆっくりから始めてください。

All of Me

Words & Music by Seymour Simons and Gerald Marks

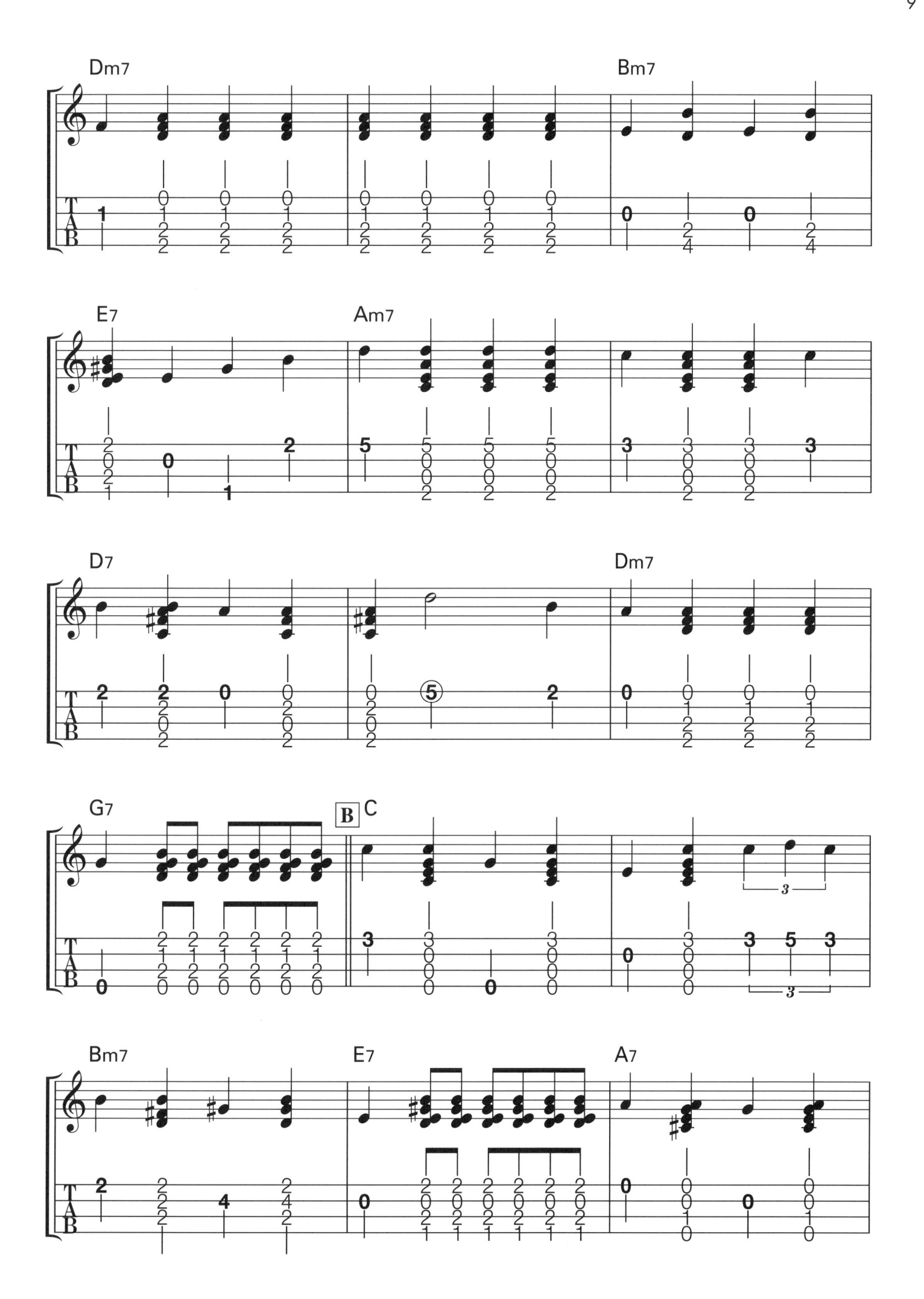

10

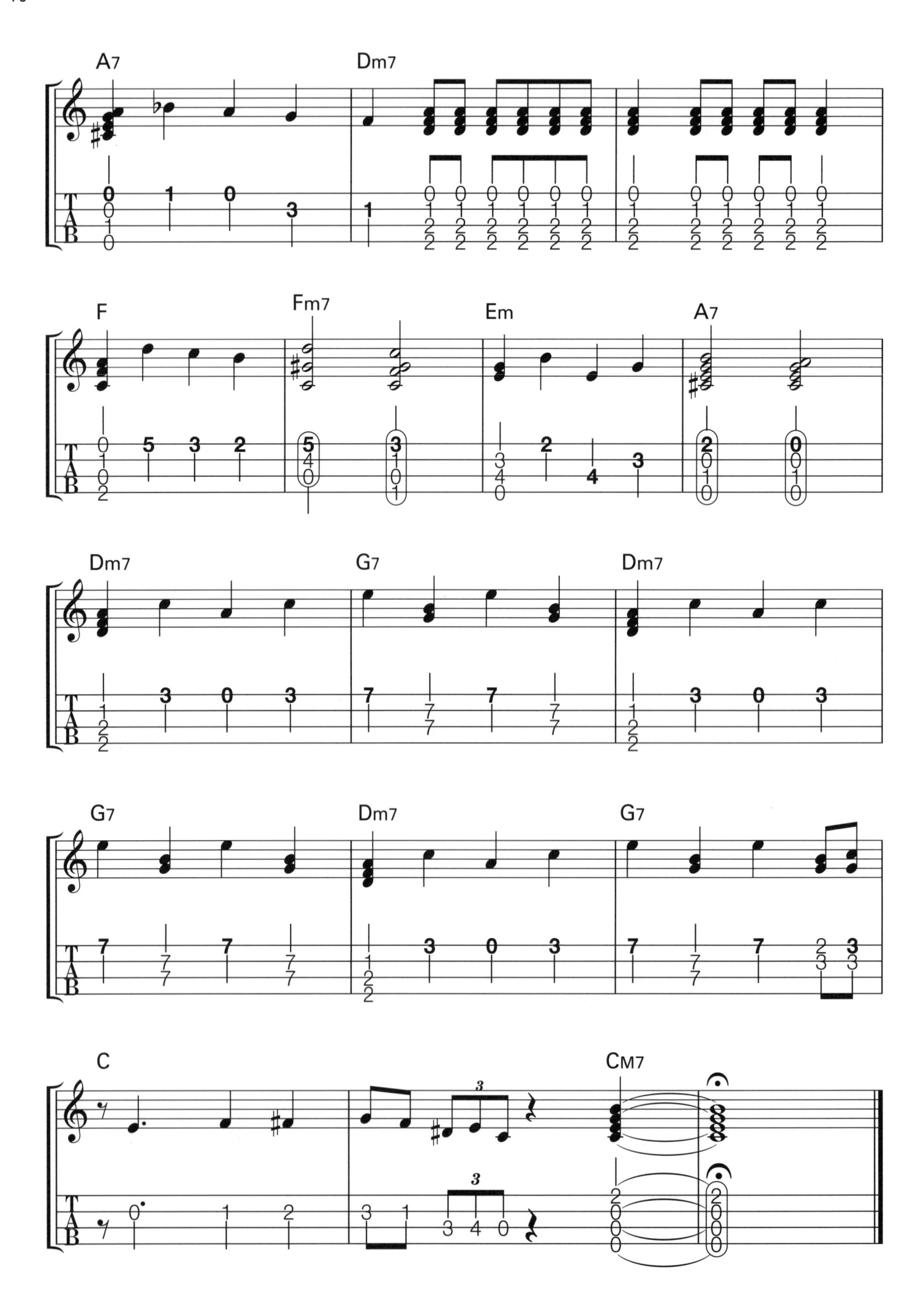

Autumn Leaves

Music by Joseph Kosma

CD TRACK 2

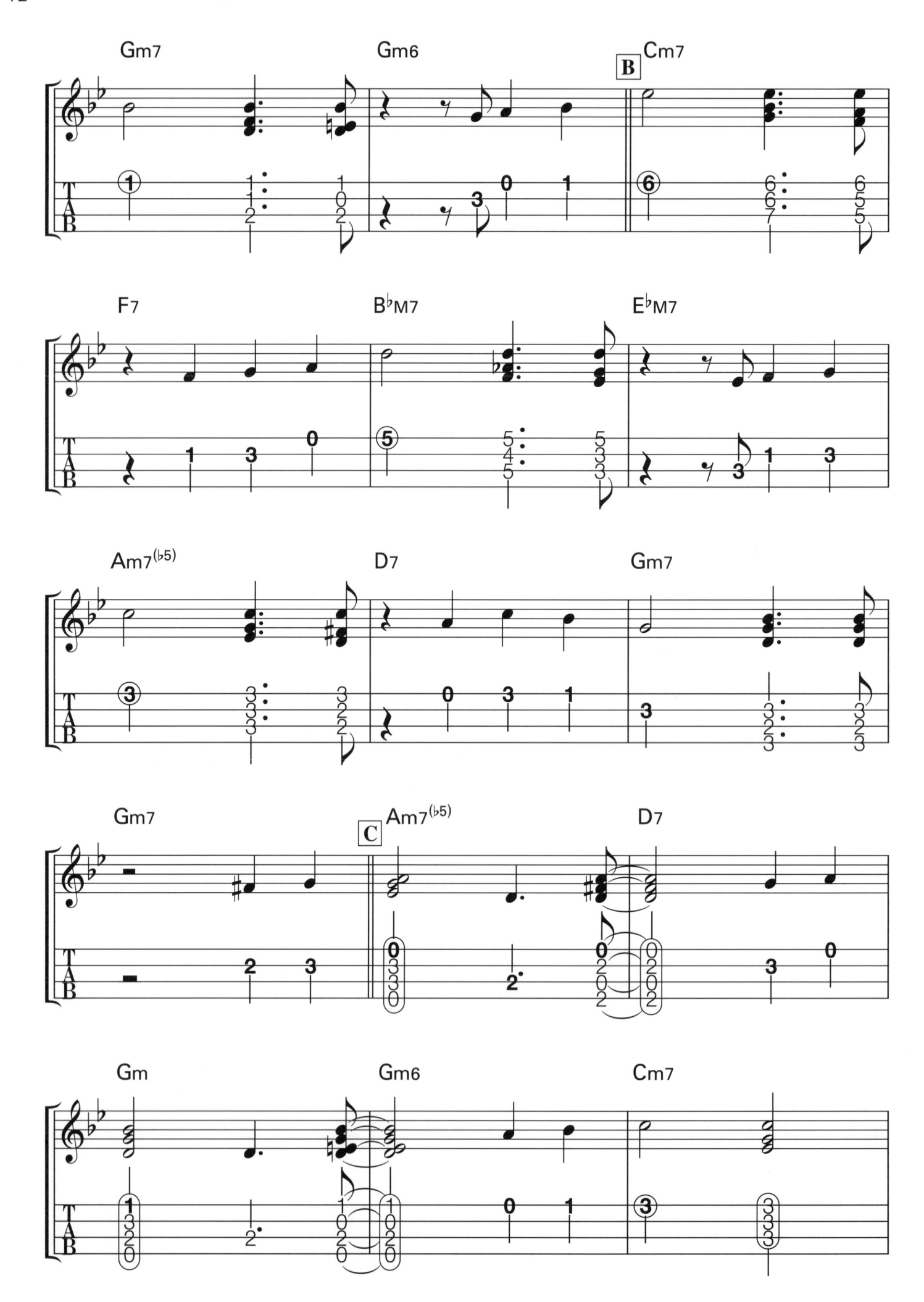

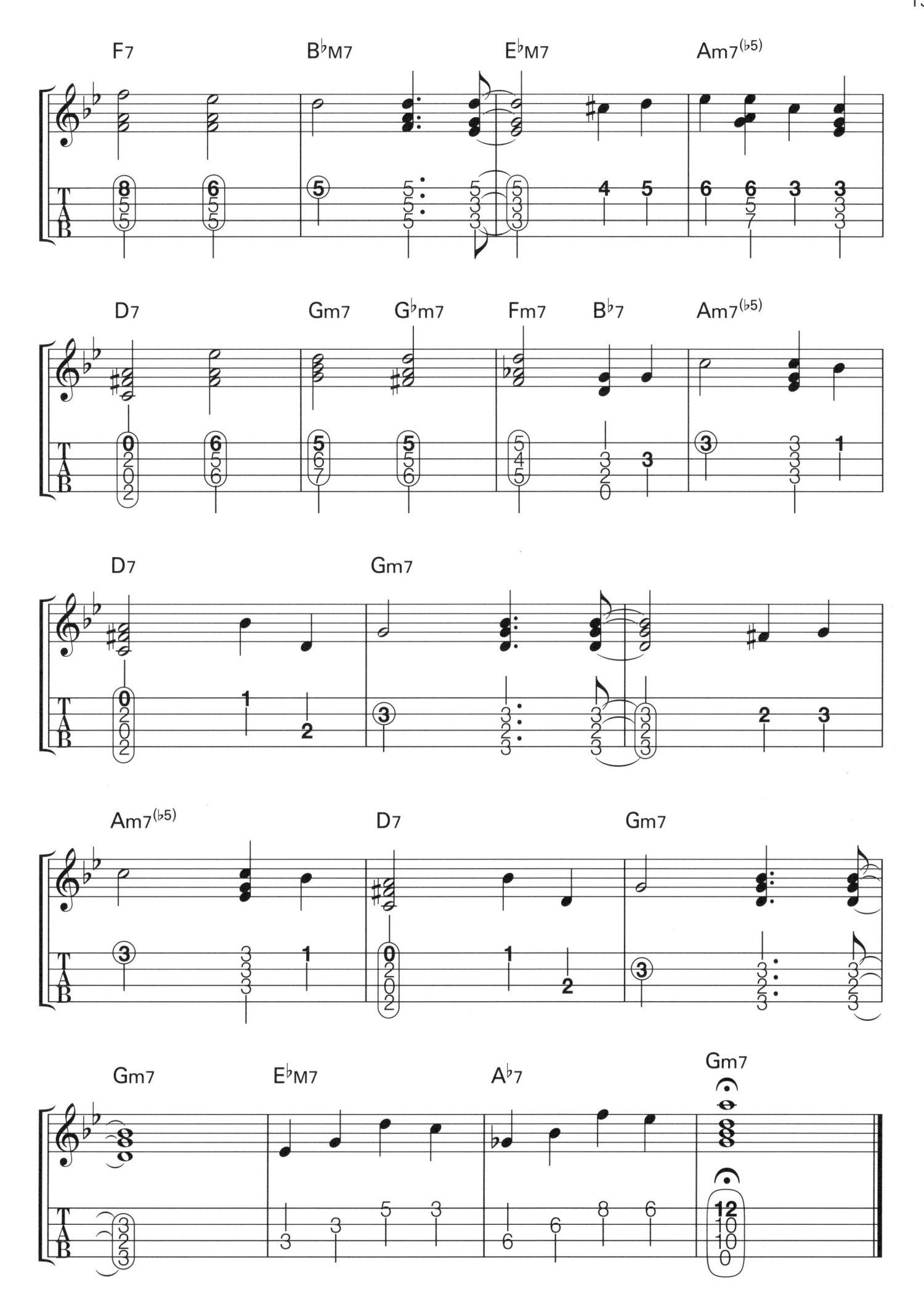

As Time Goes By

CD TRACK 3

Music by Herman Hupfeld

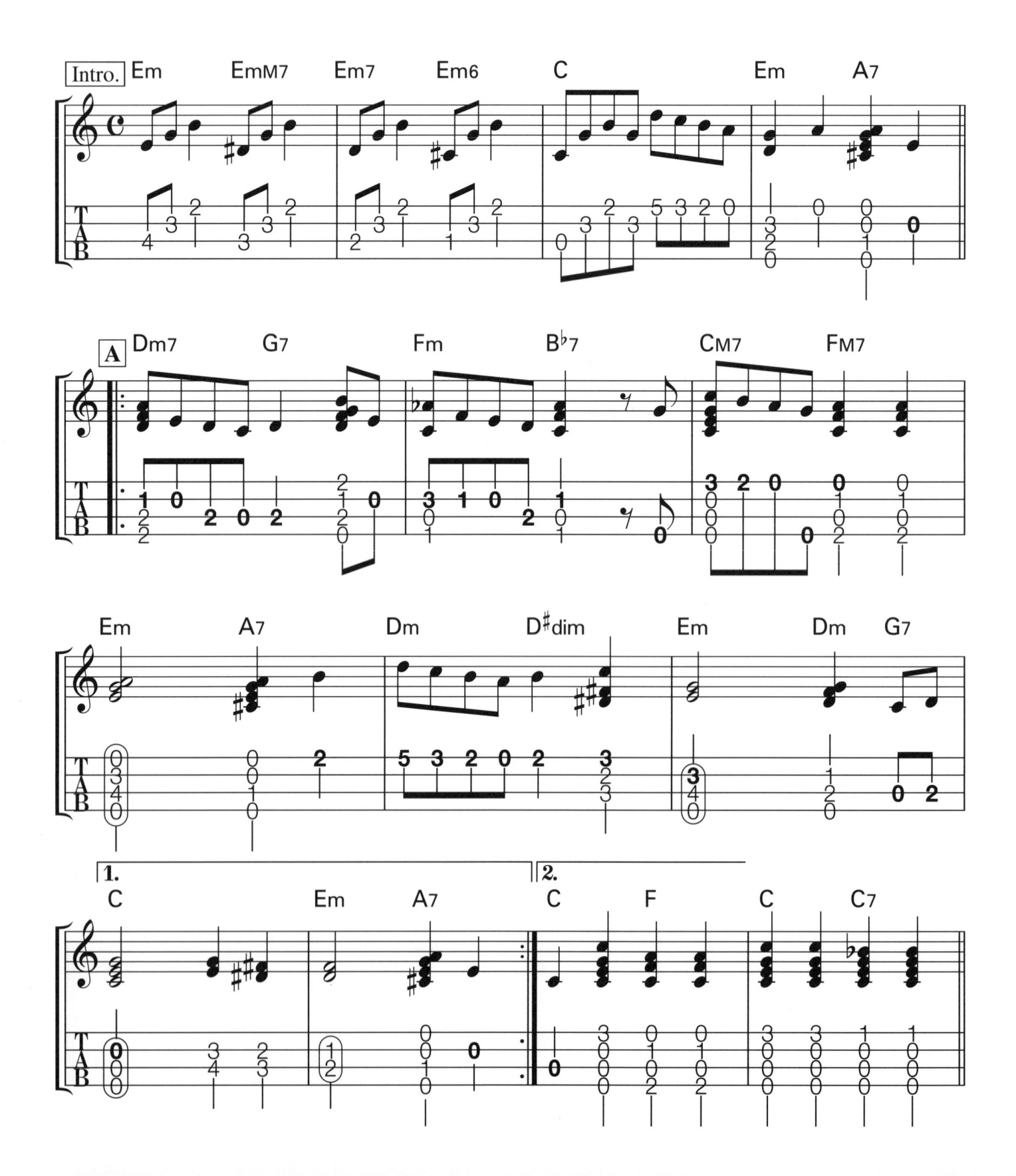

Caravan

Music by Duke Ellington and Juan Tizol

CD
TRACK
4

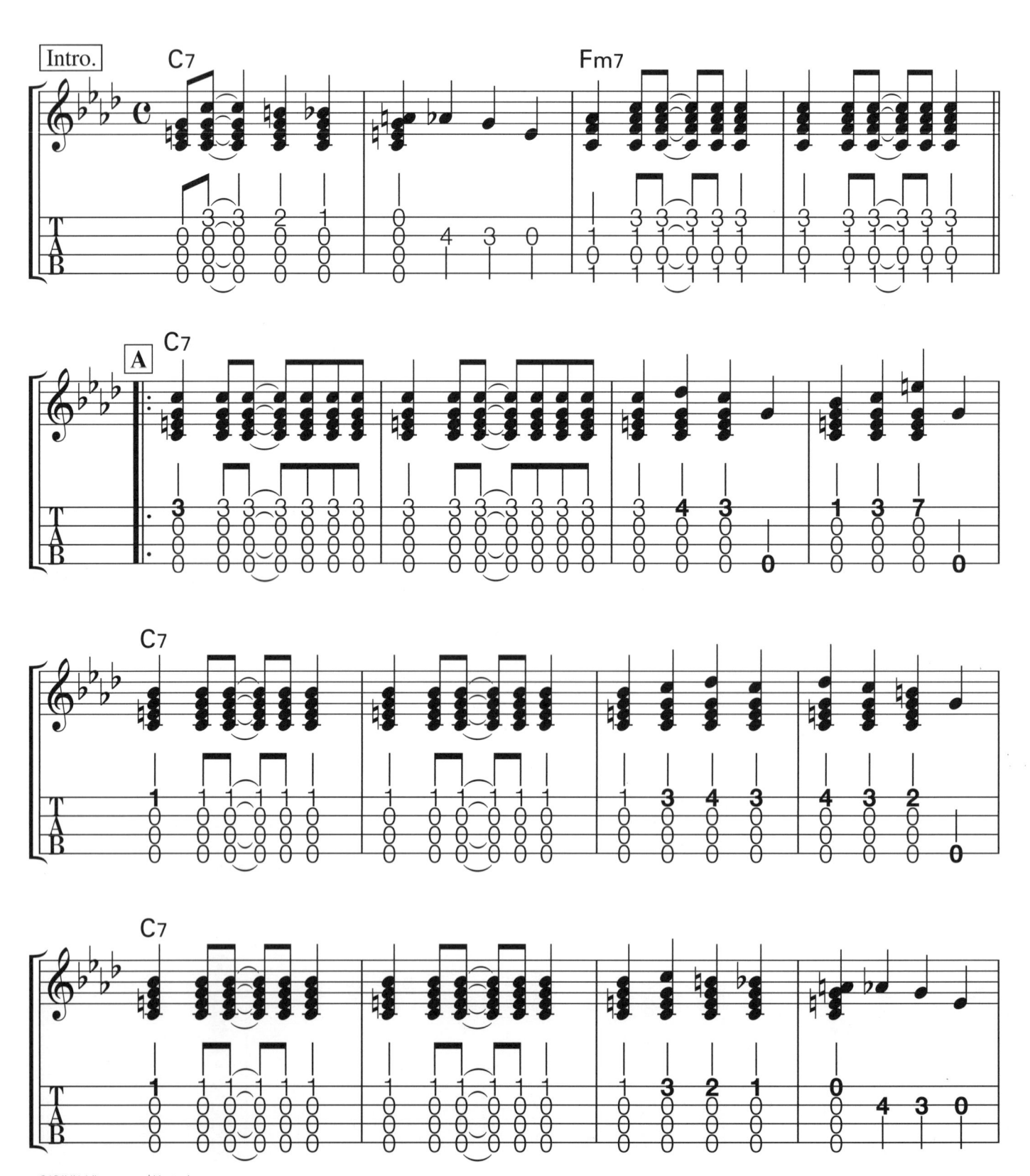

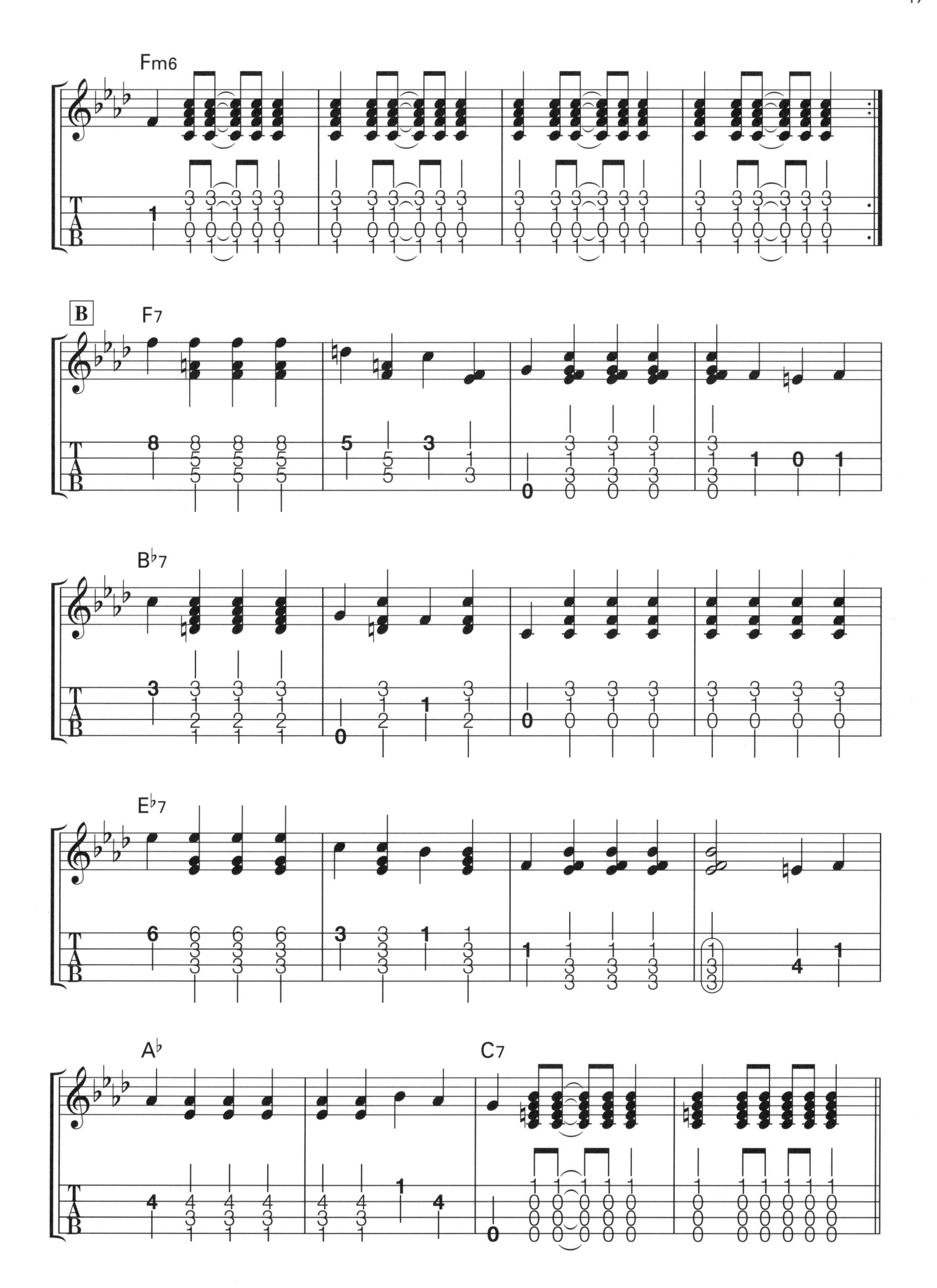

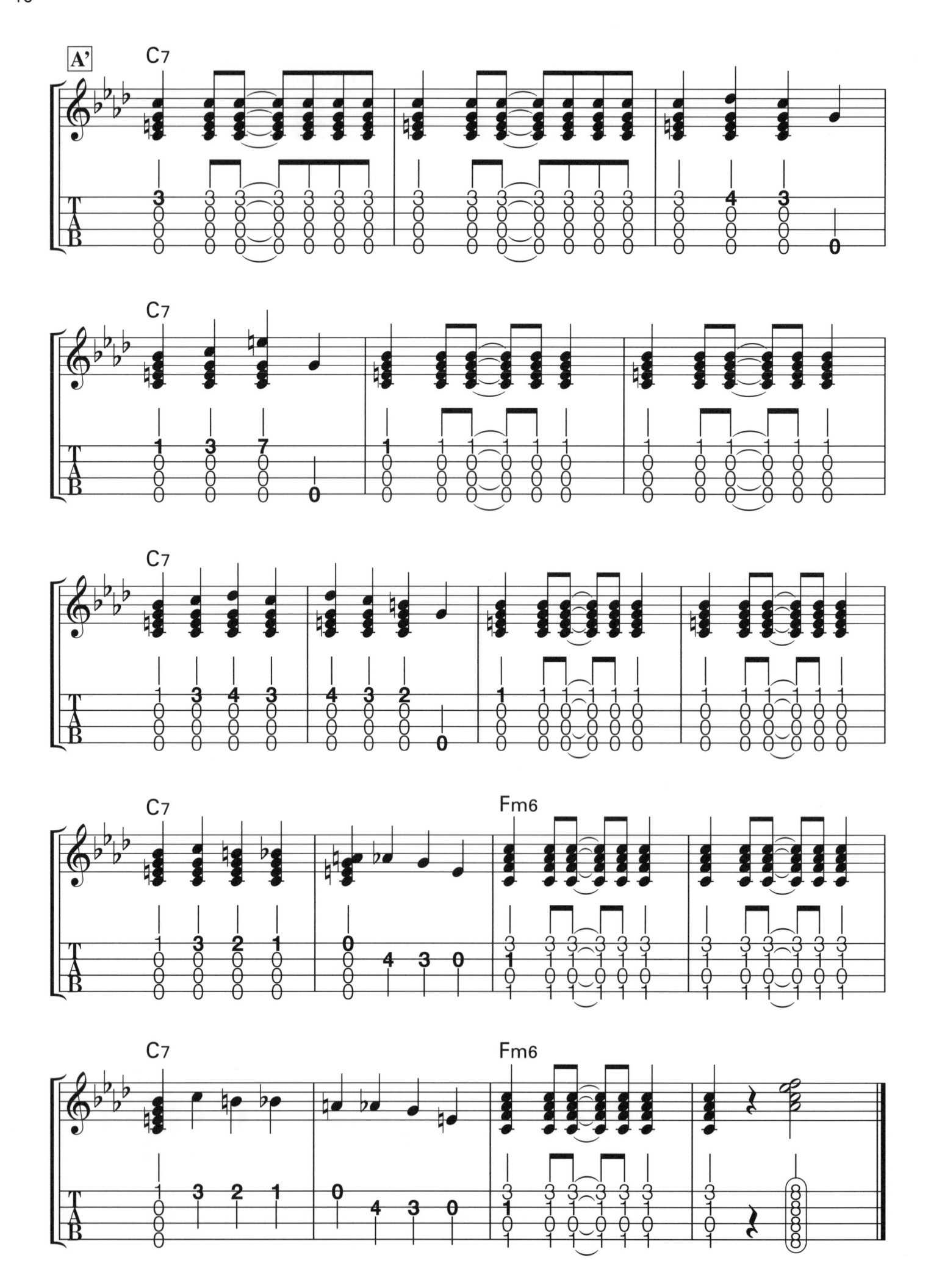

The Days of Wine and Roses

Words by Johnny Mercer   Music by Henry Mancini

CD TRACK 5

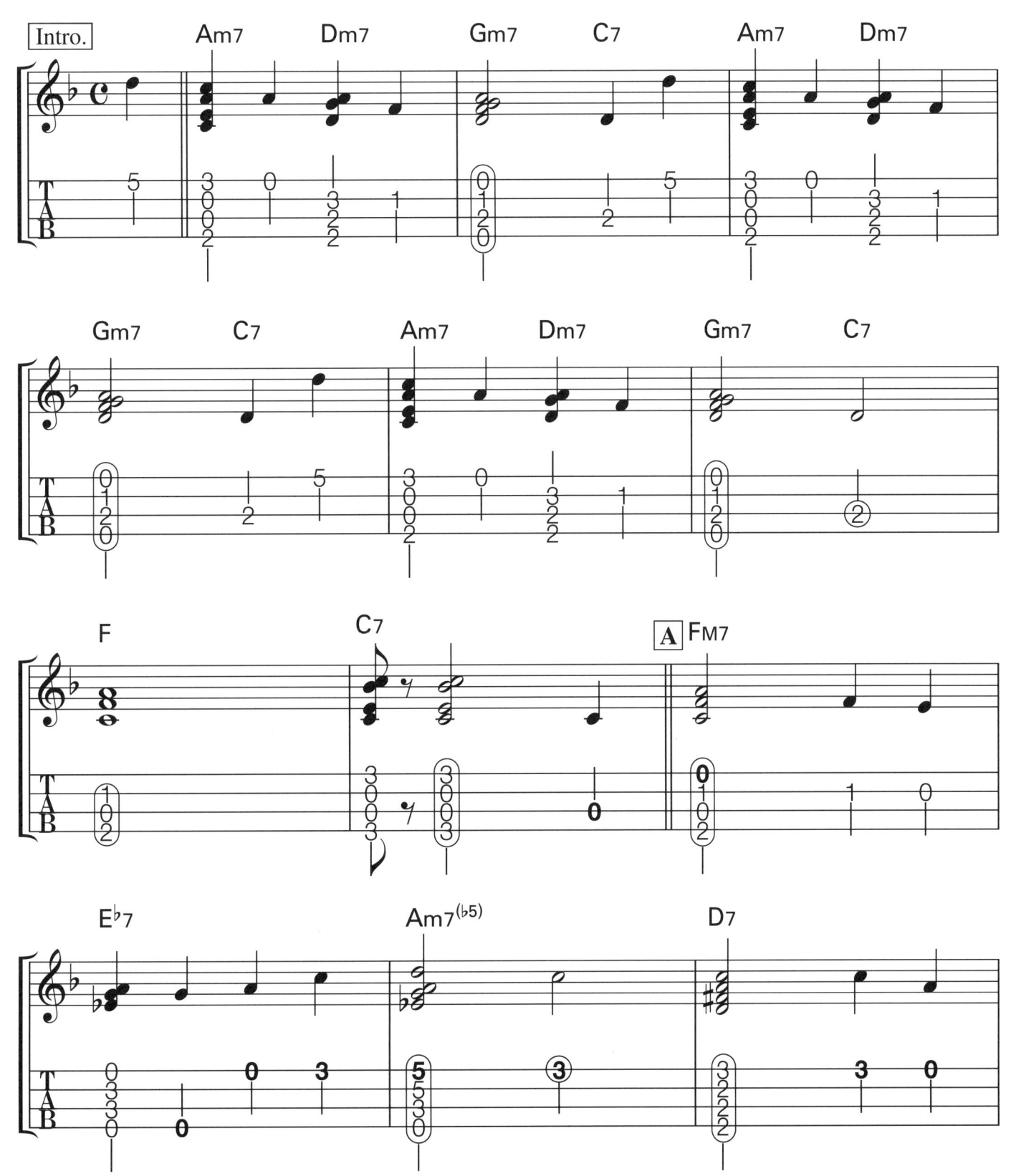

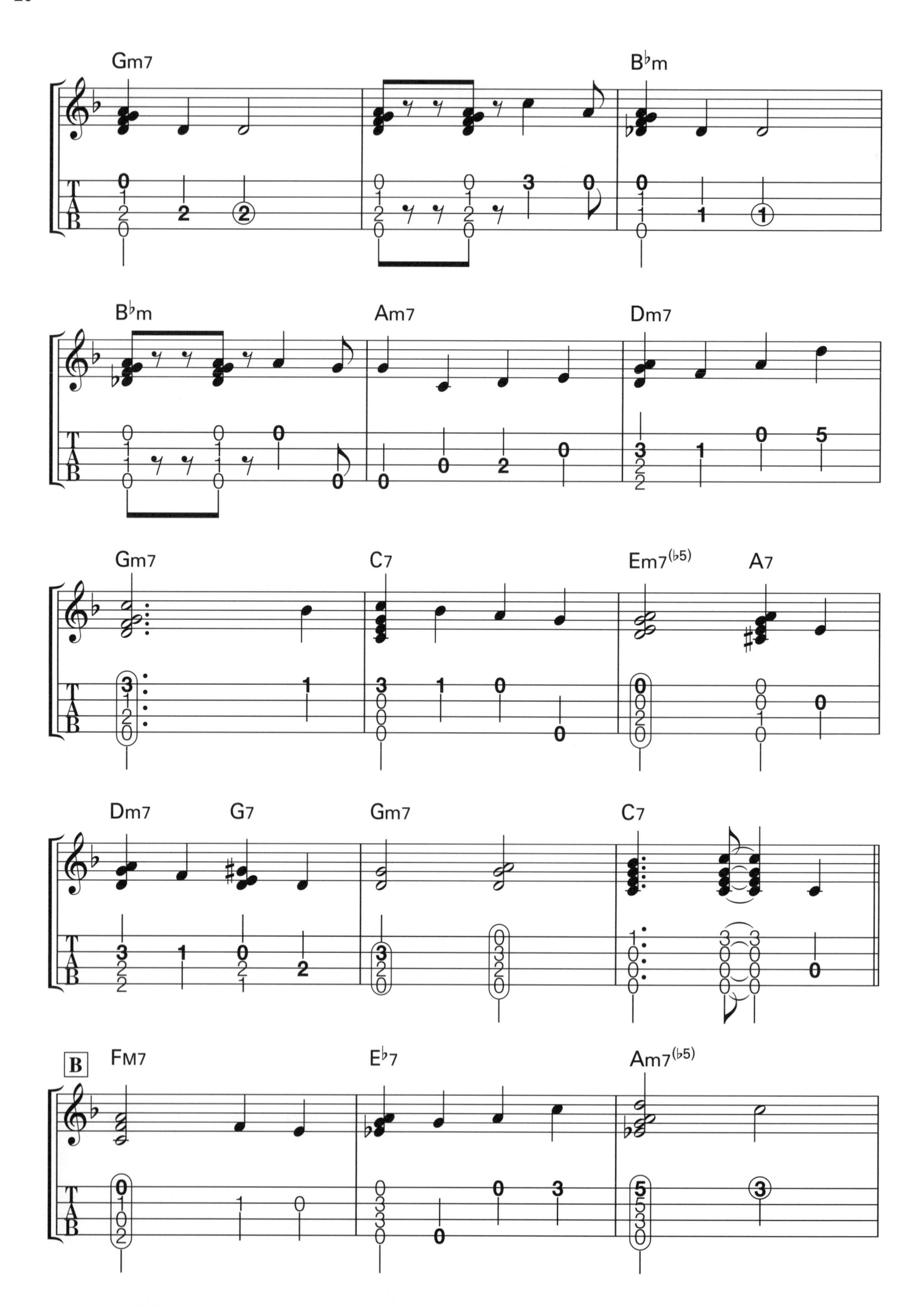

Fly Me to the Moon

Words & Music by Bart Howard

CD TRACK 6

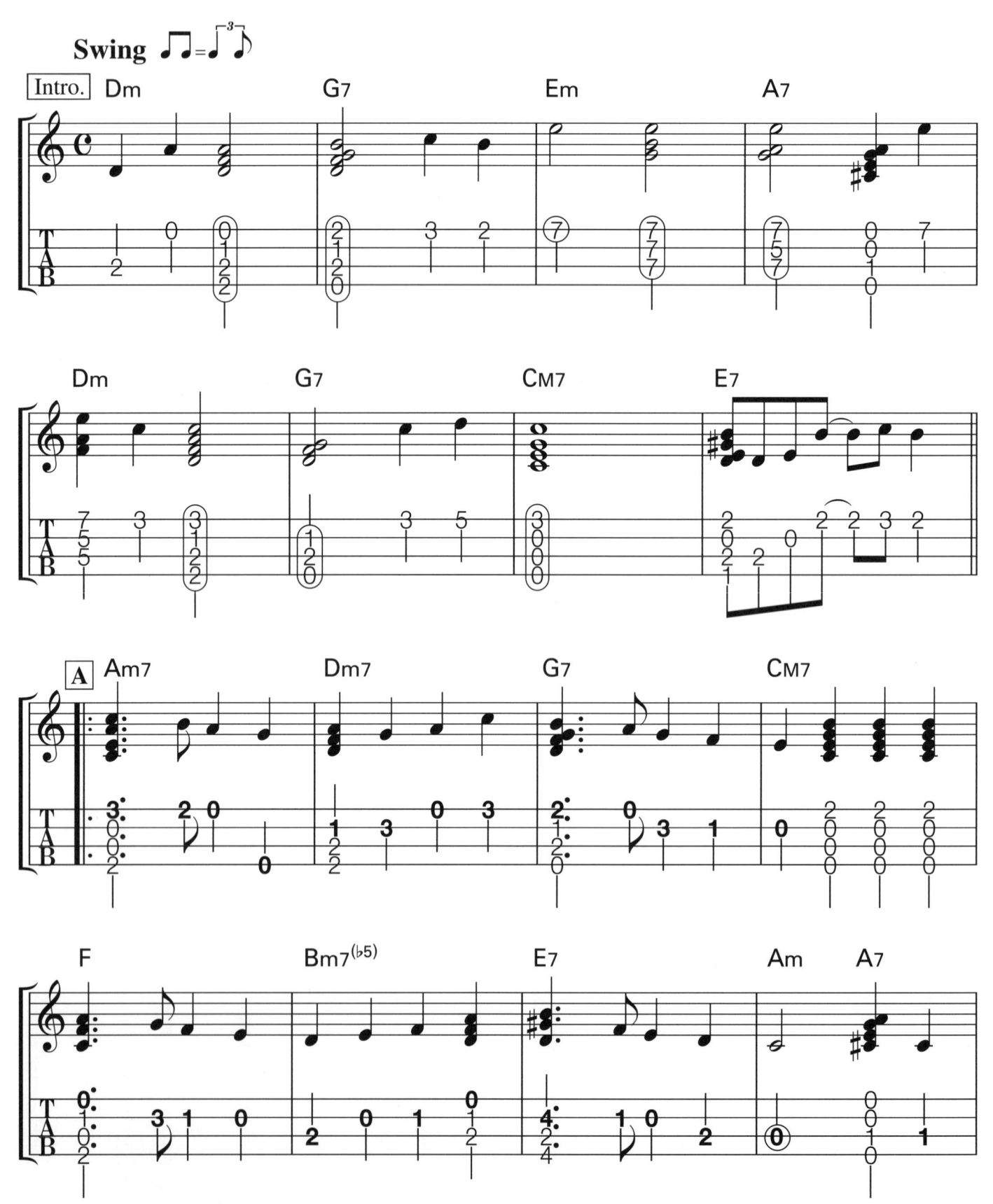

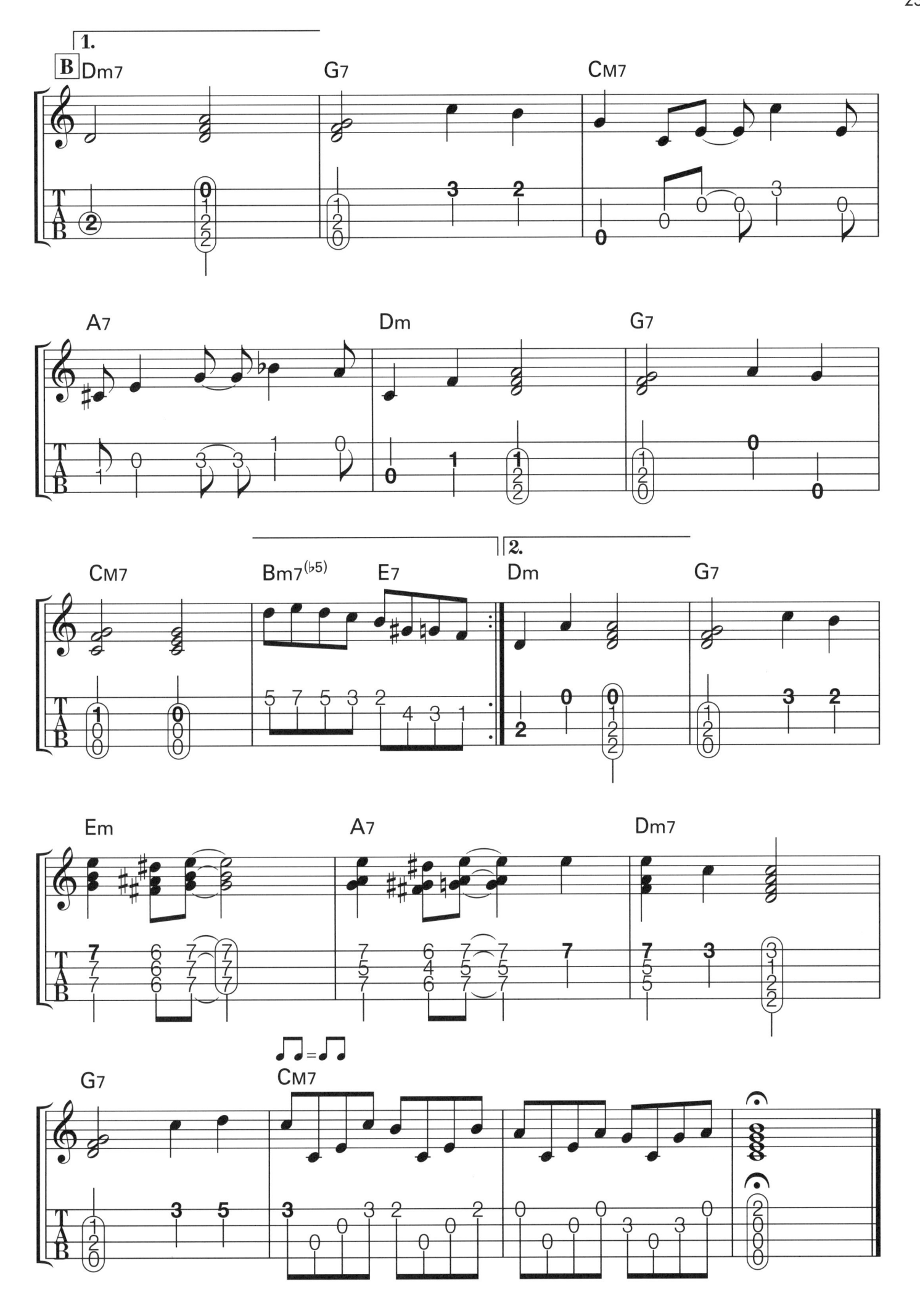

I Got Rhythm

Music by George Gershwin

Moanin'

Music by Bobby Timmons

CD TRACK 8

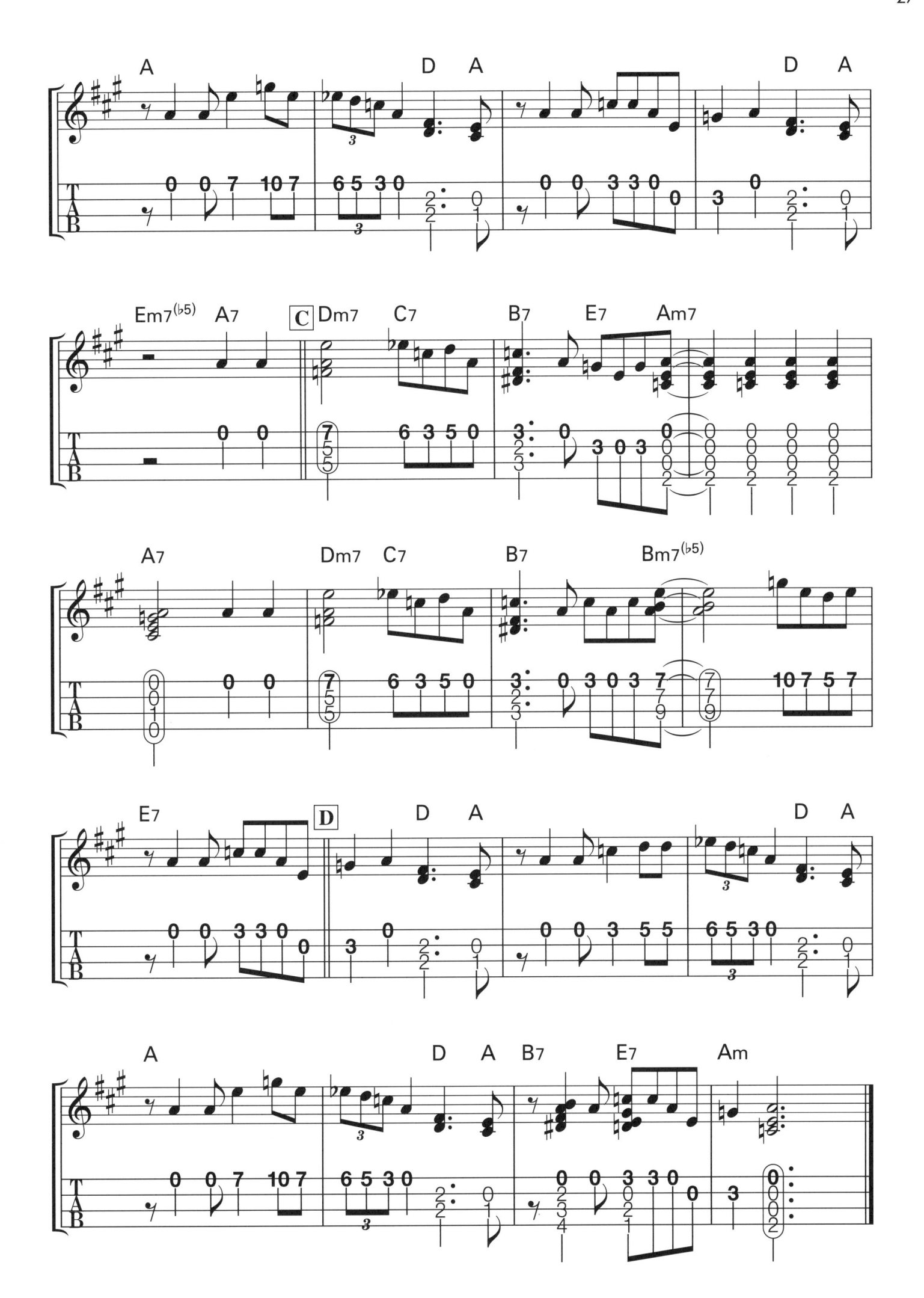

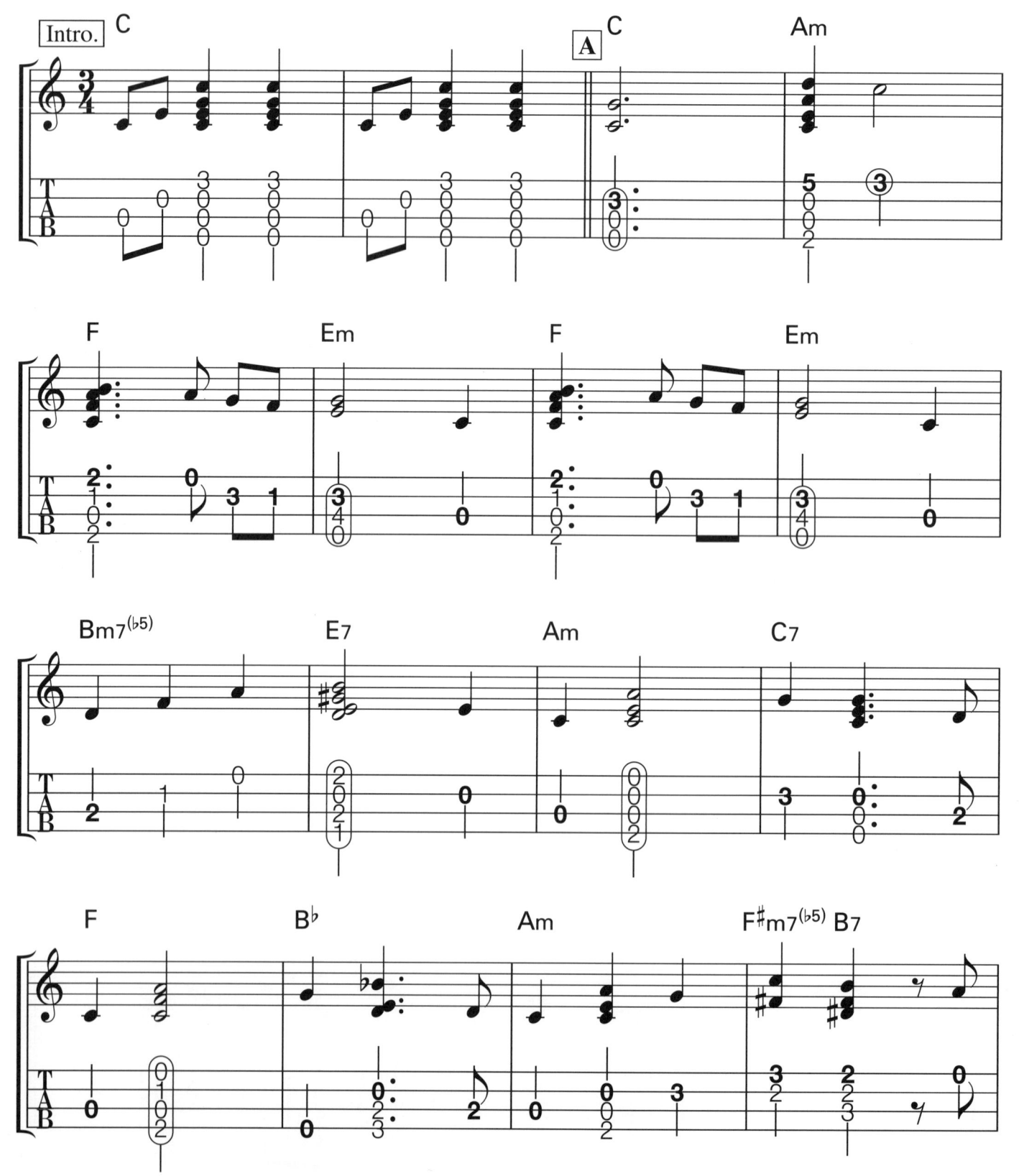

Moon River

Words by Johnny Mercer Music by Henry Mancini

CD
TRACK
9

My One and Only Love

Words by Robert Mellin   Music by Guy Wood

My Favorite Things

Lyrics by Oscar Hammerstein II Music by Richard Rodgers

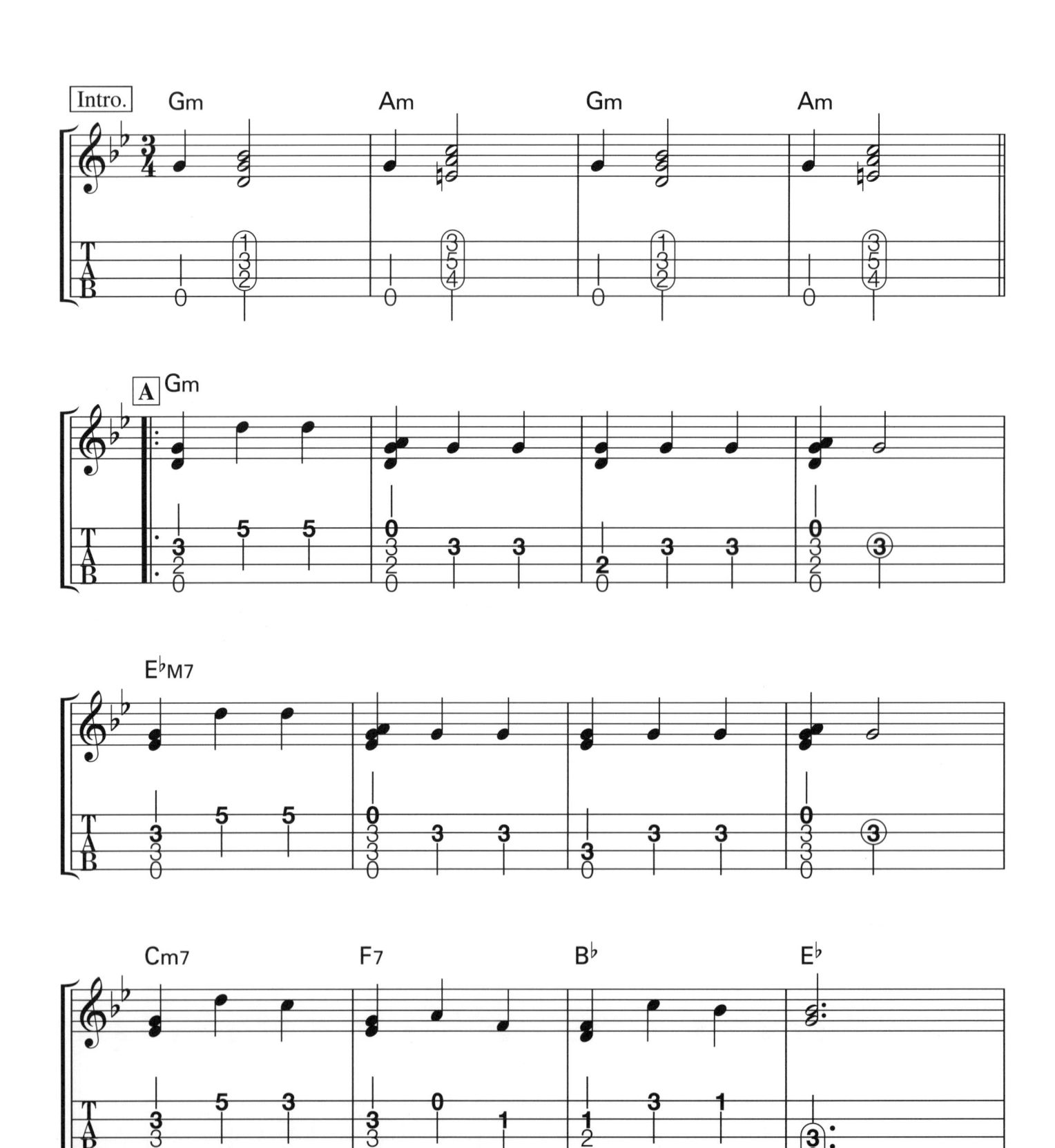

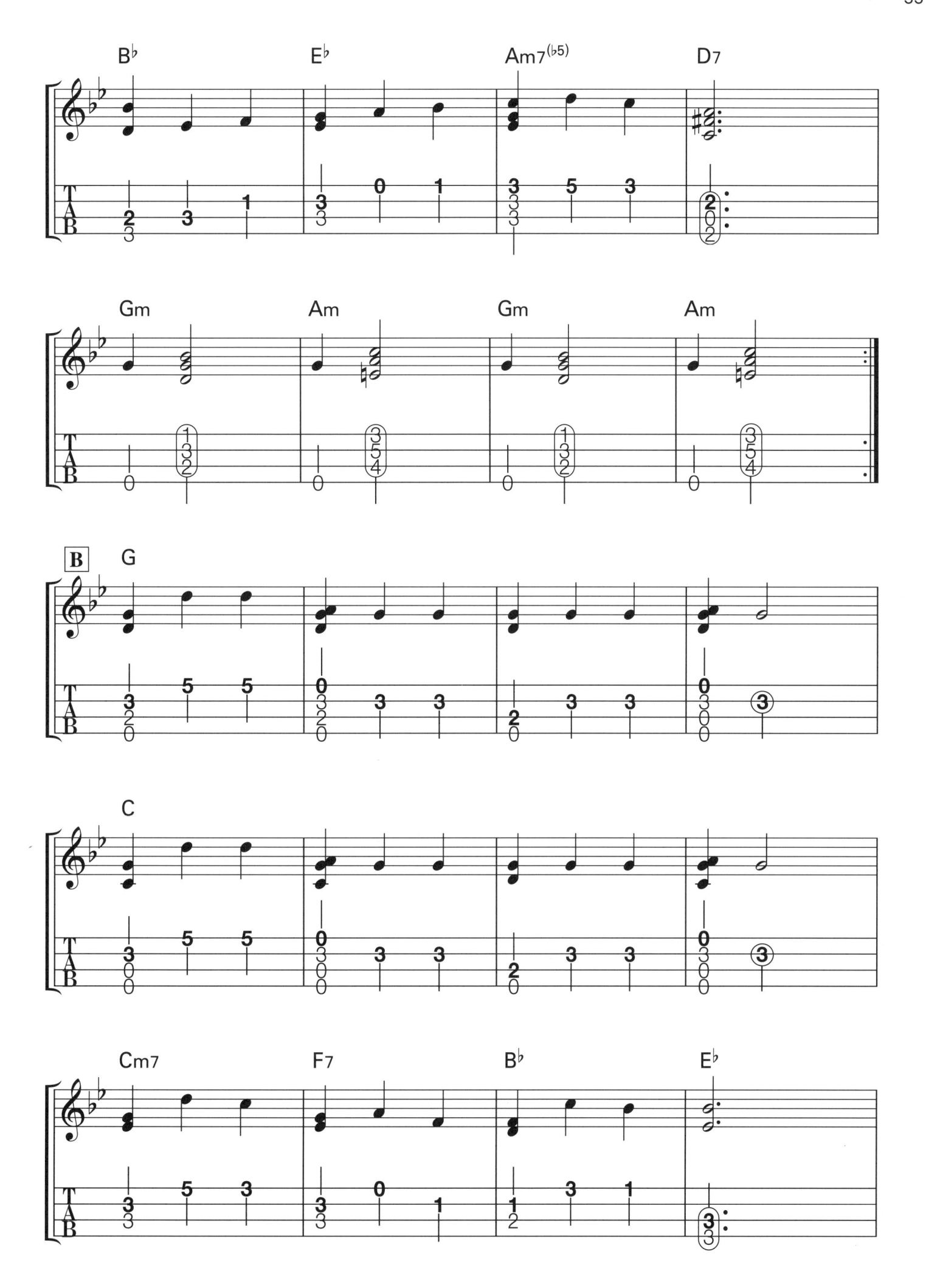

34

Night and Day

Words and Music by Cole Porter

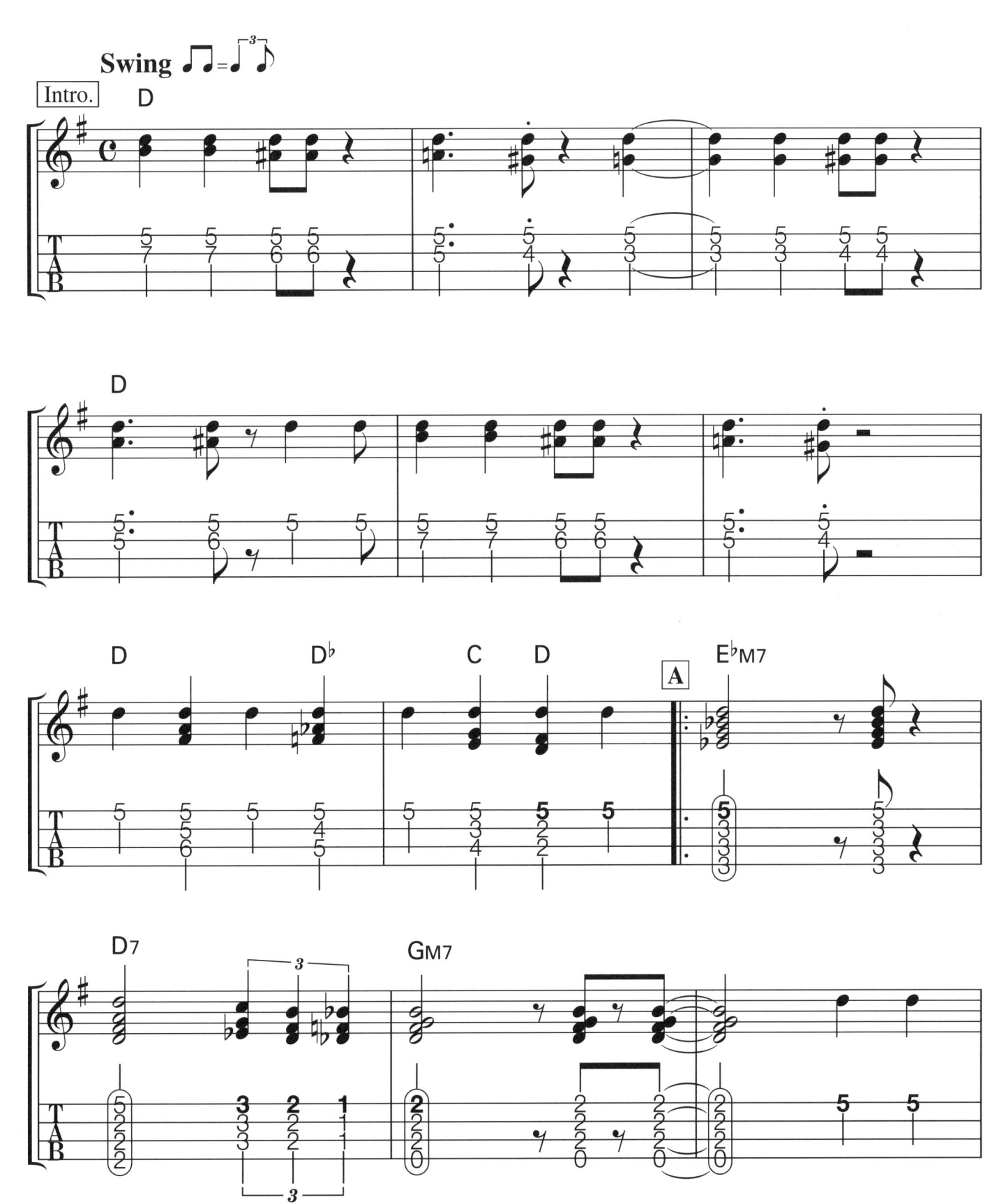

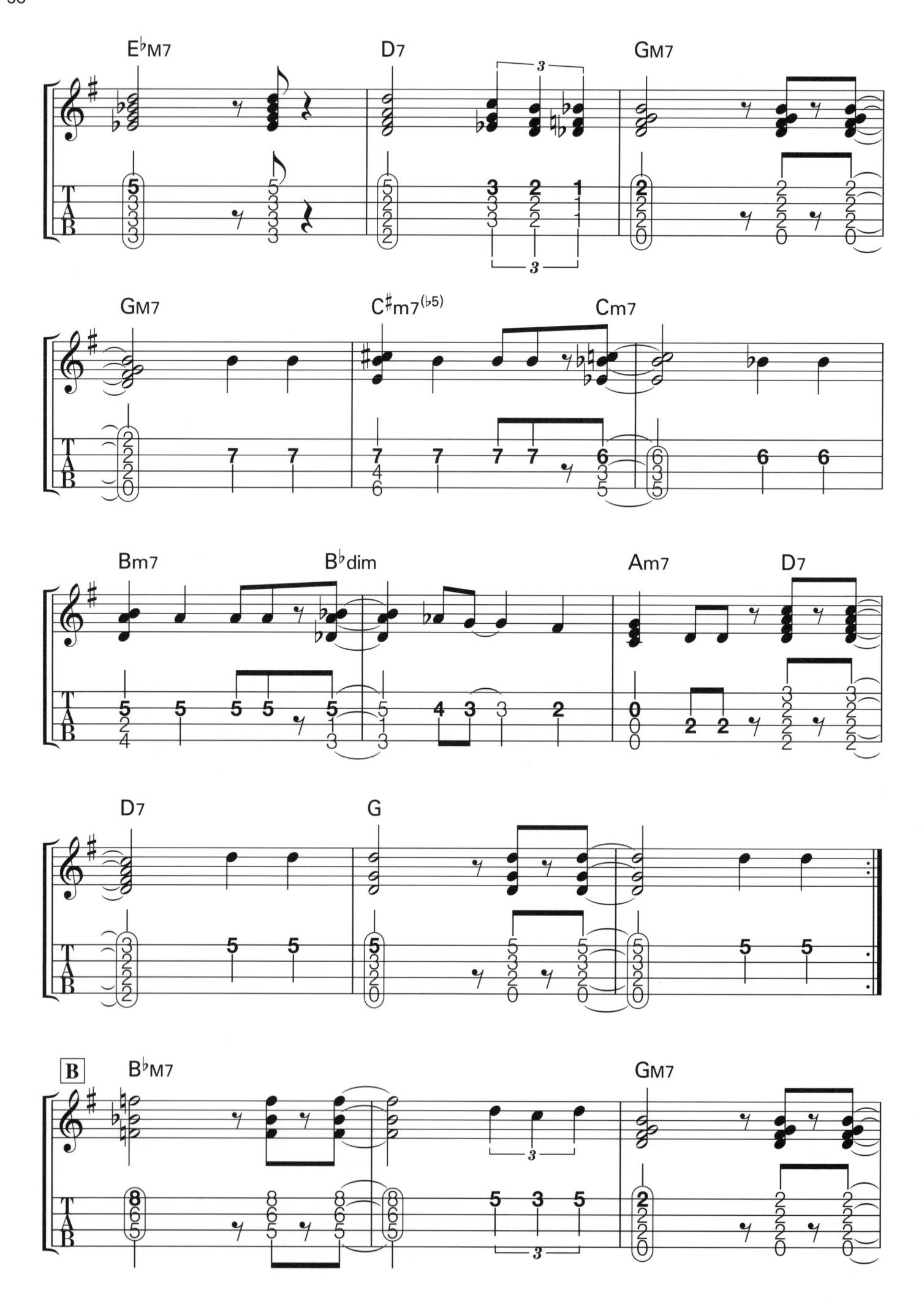

Over the Rainbow

Words by E.Y. Harburg   Music by Harold Arlen

CD TRACK *13*

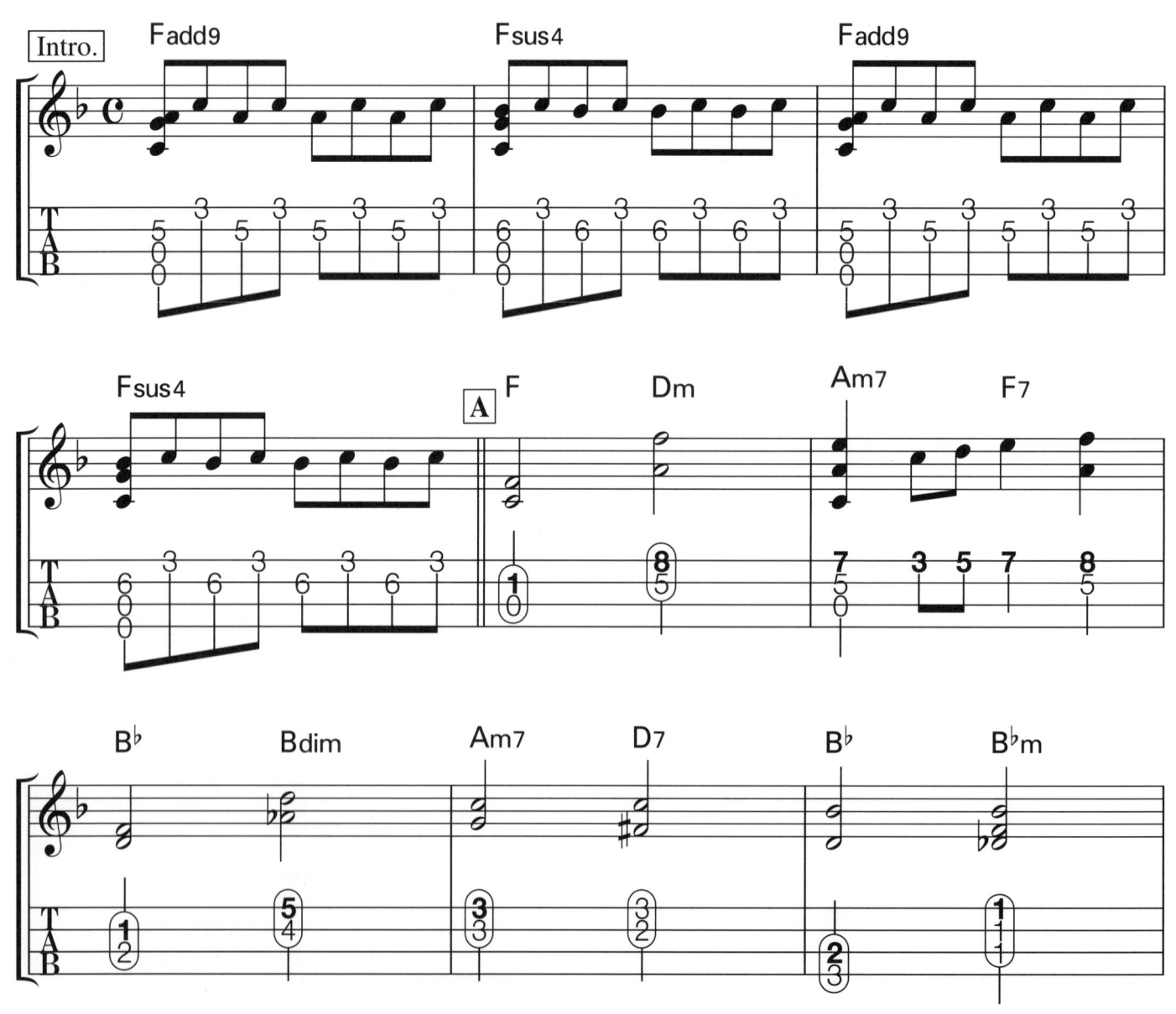

Print rights for Japan administered by Yamaha Music Entertainment Holdings,

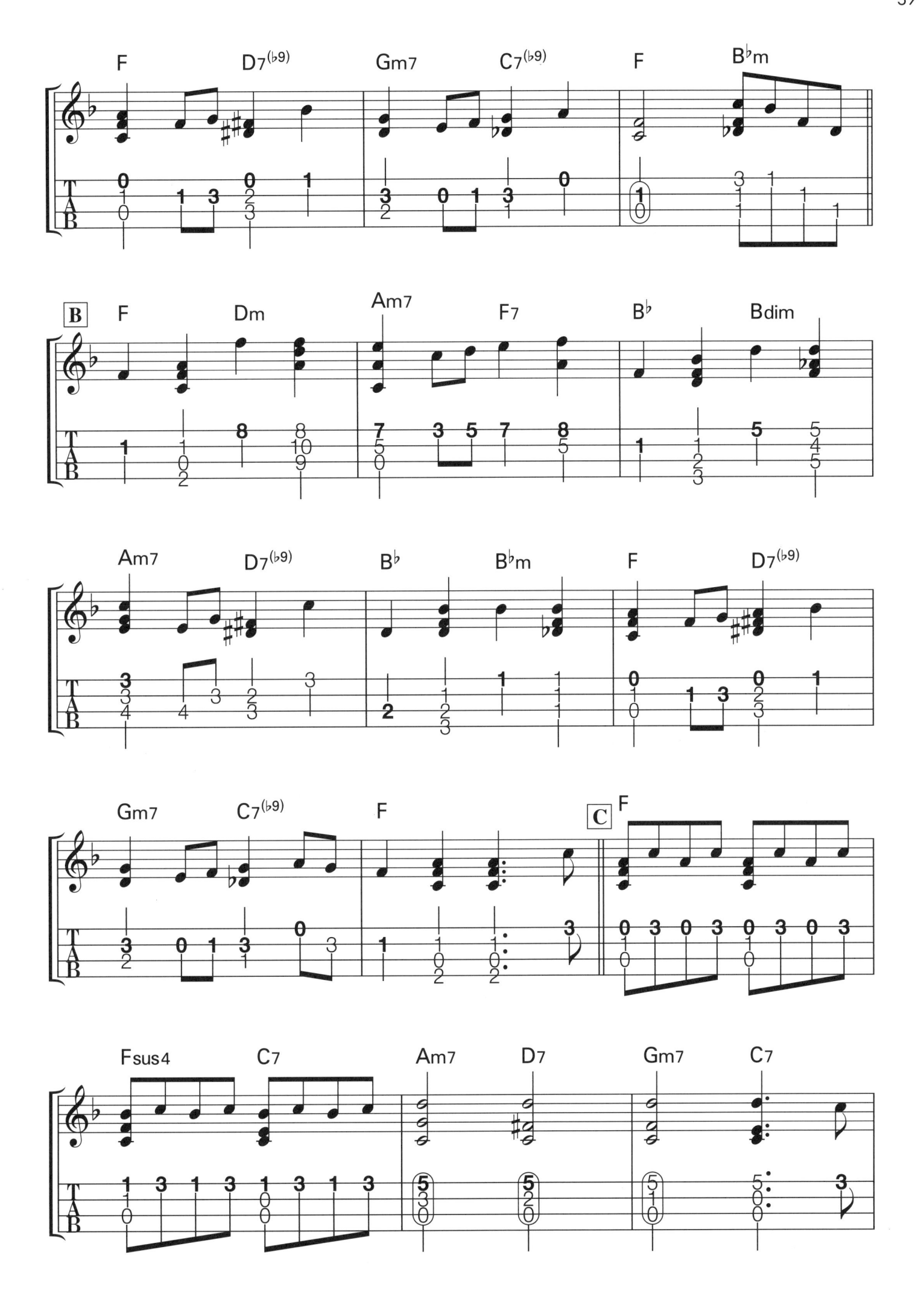

The Shadow of Your Smile

Words by Paul Francis Webster   Music by Johnny Mandel

CD TRACK 14

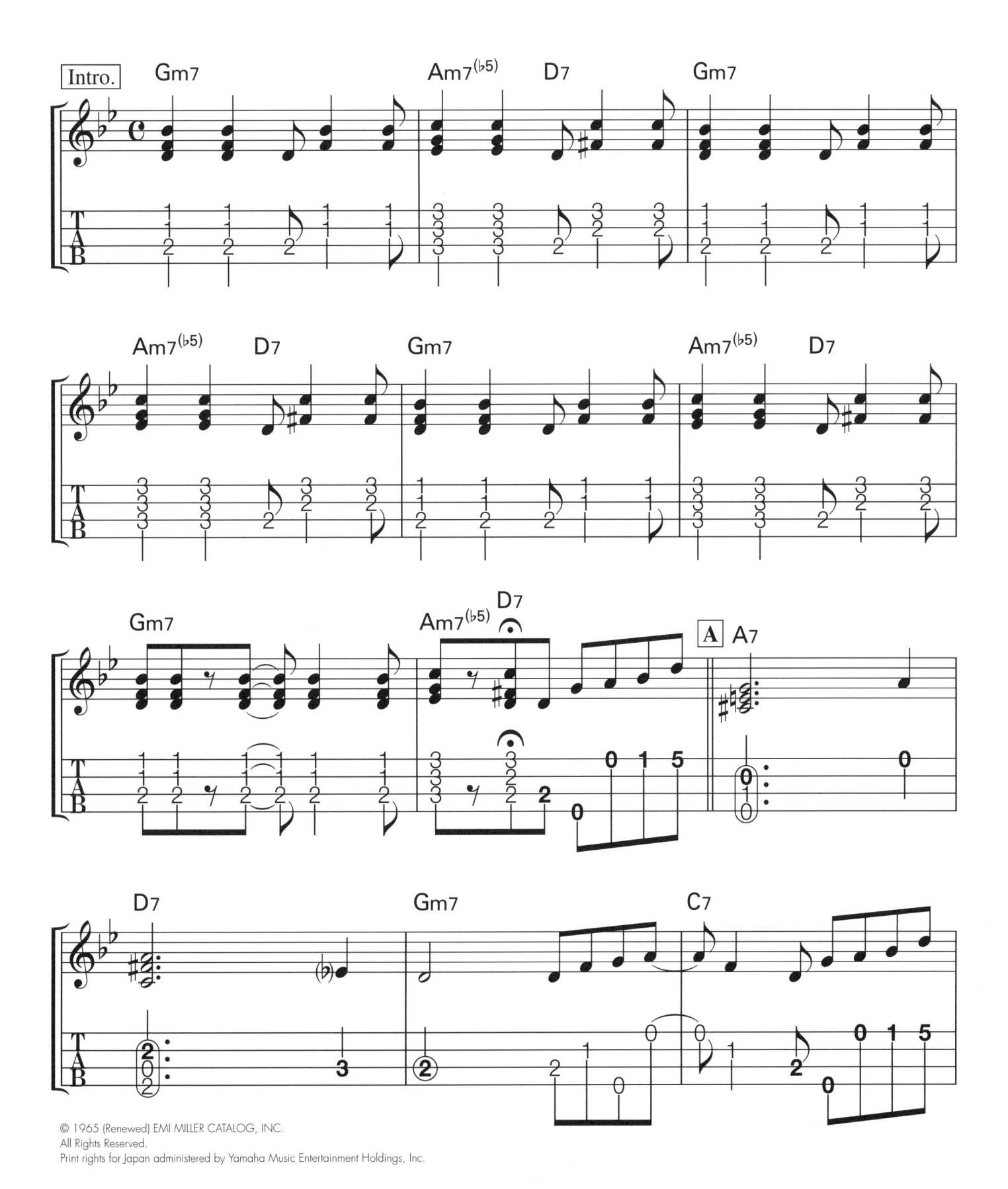

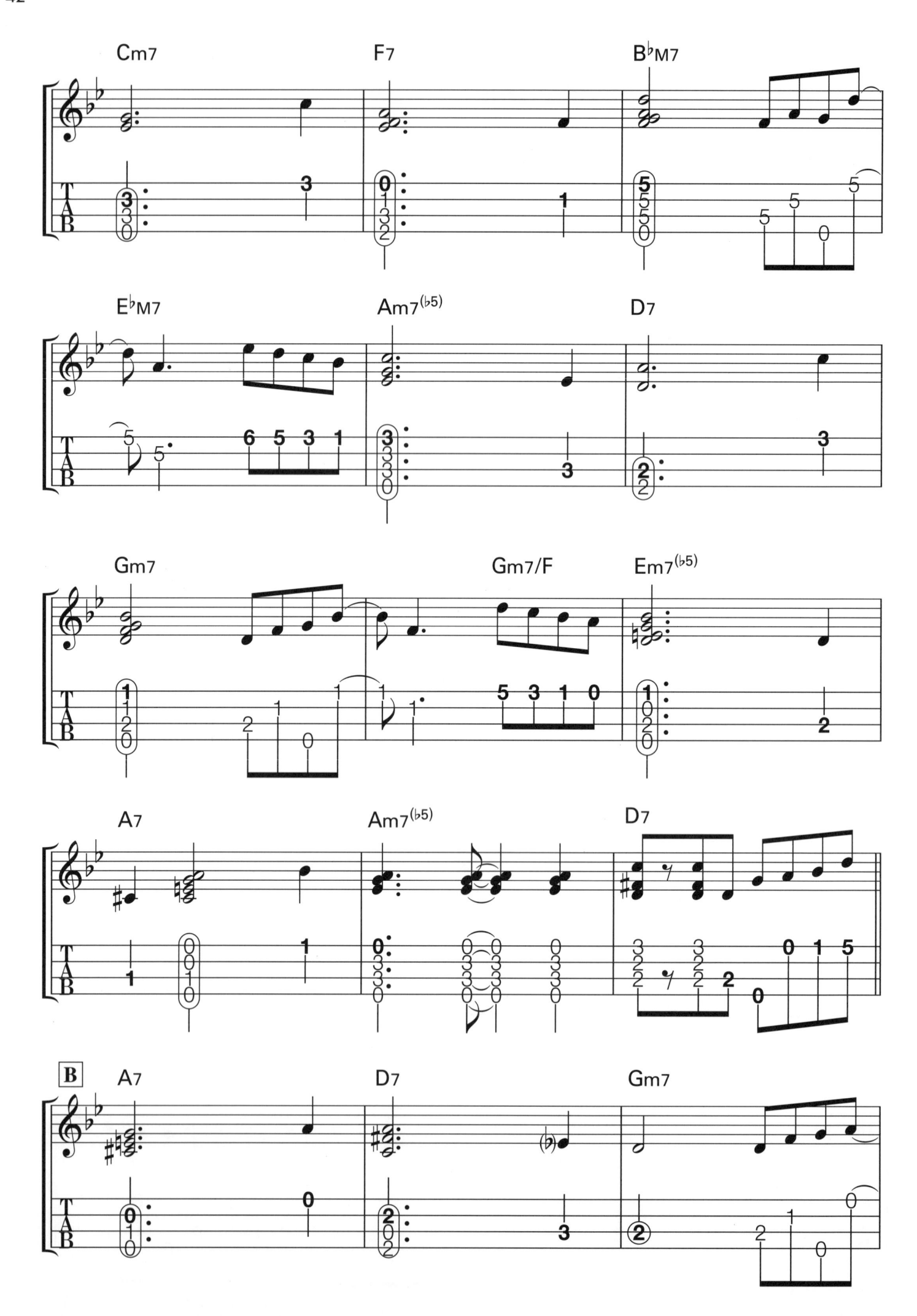

43

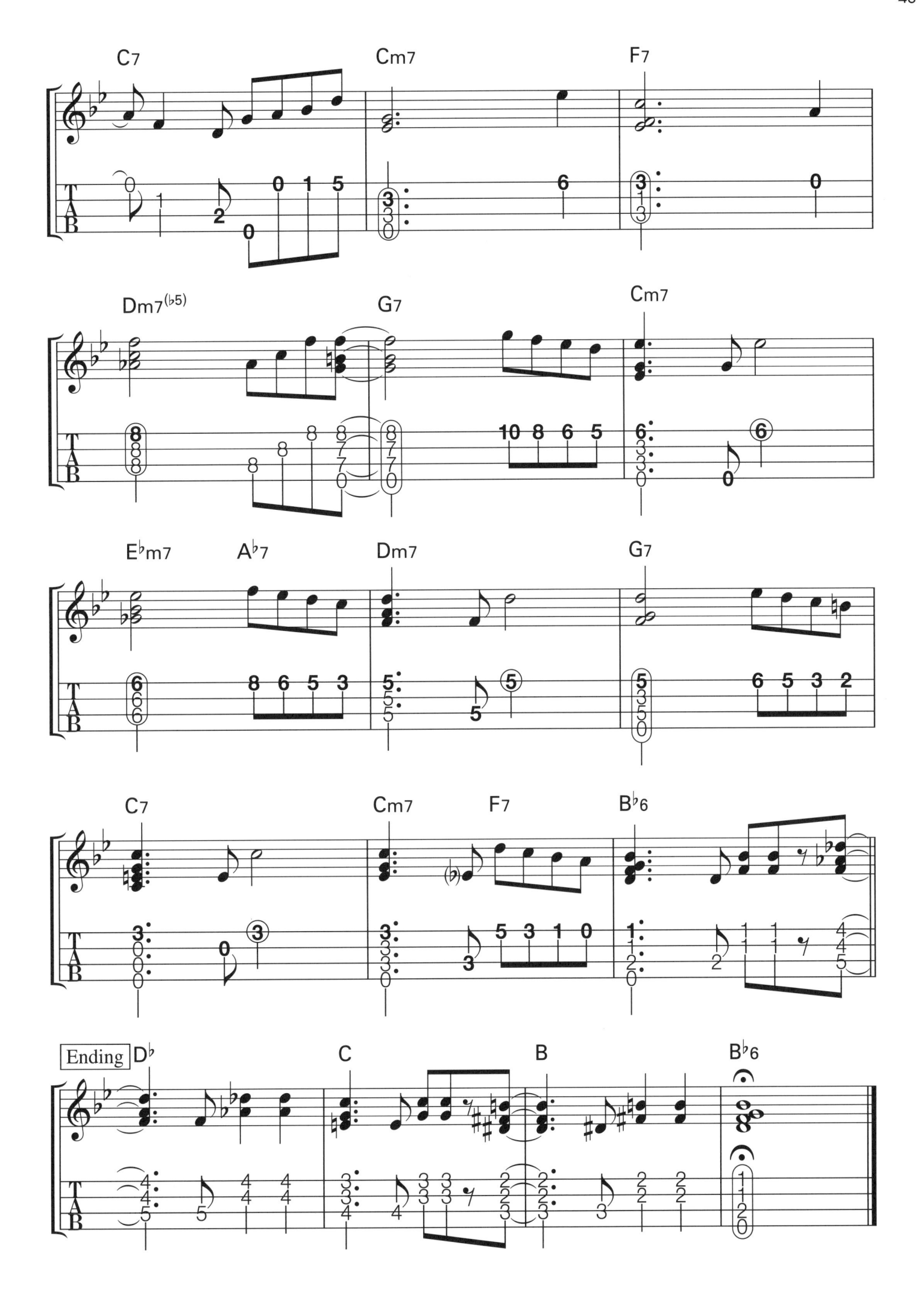

CD TRACK 15

Sing, Sing, Sing

Words & Music by Louis Prima

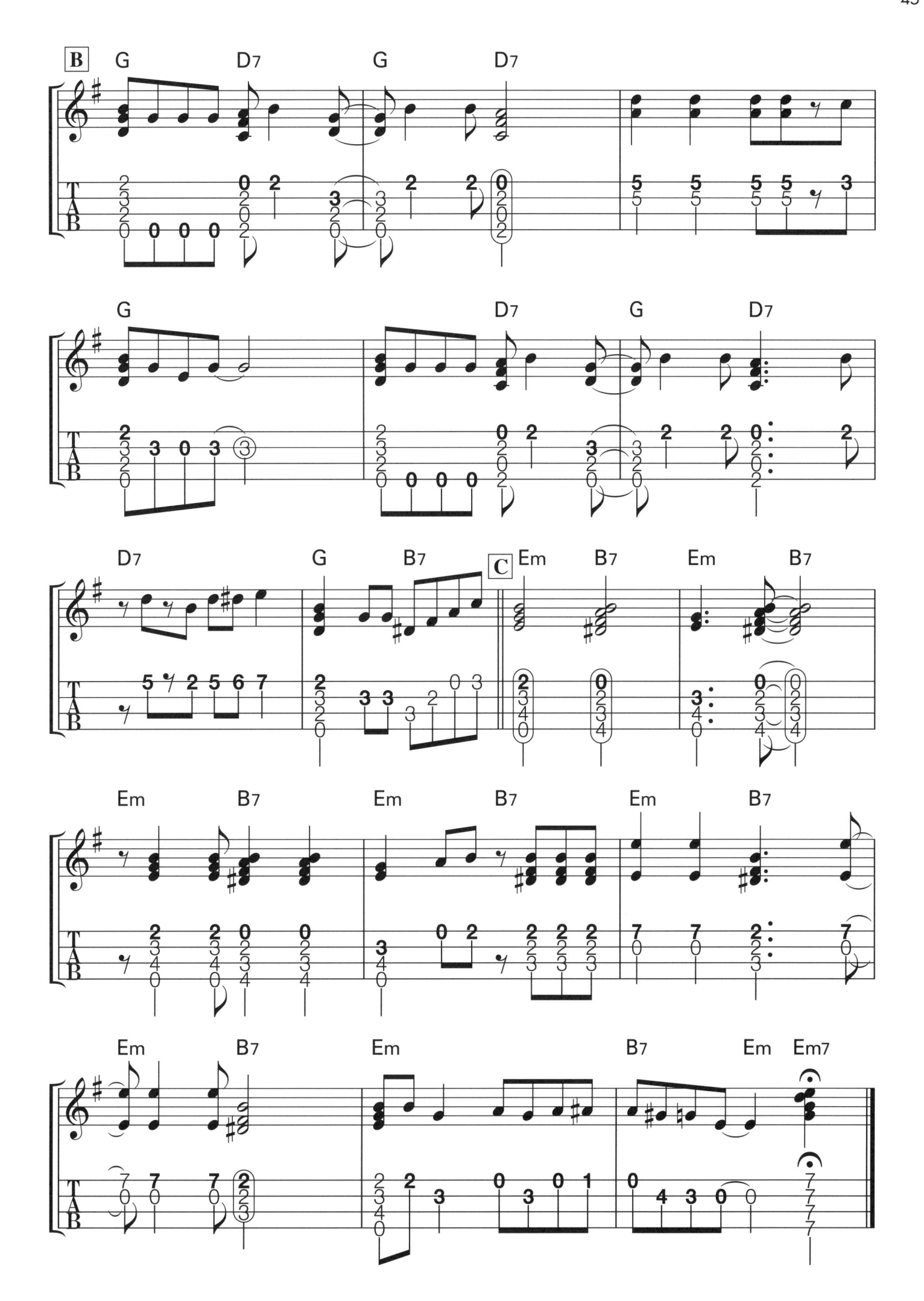

Smile

CD TRACK 16

Words by John Turner & Geoffrey Parsons   Music by Charles Chaplin

Softly, as in a Morning Sunrise

Music by Sigmund Romberg

CD TRACK 17

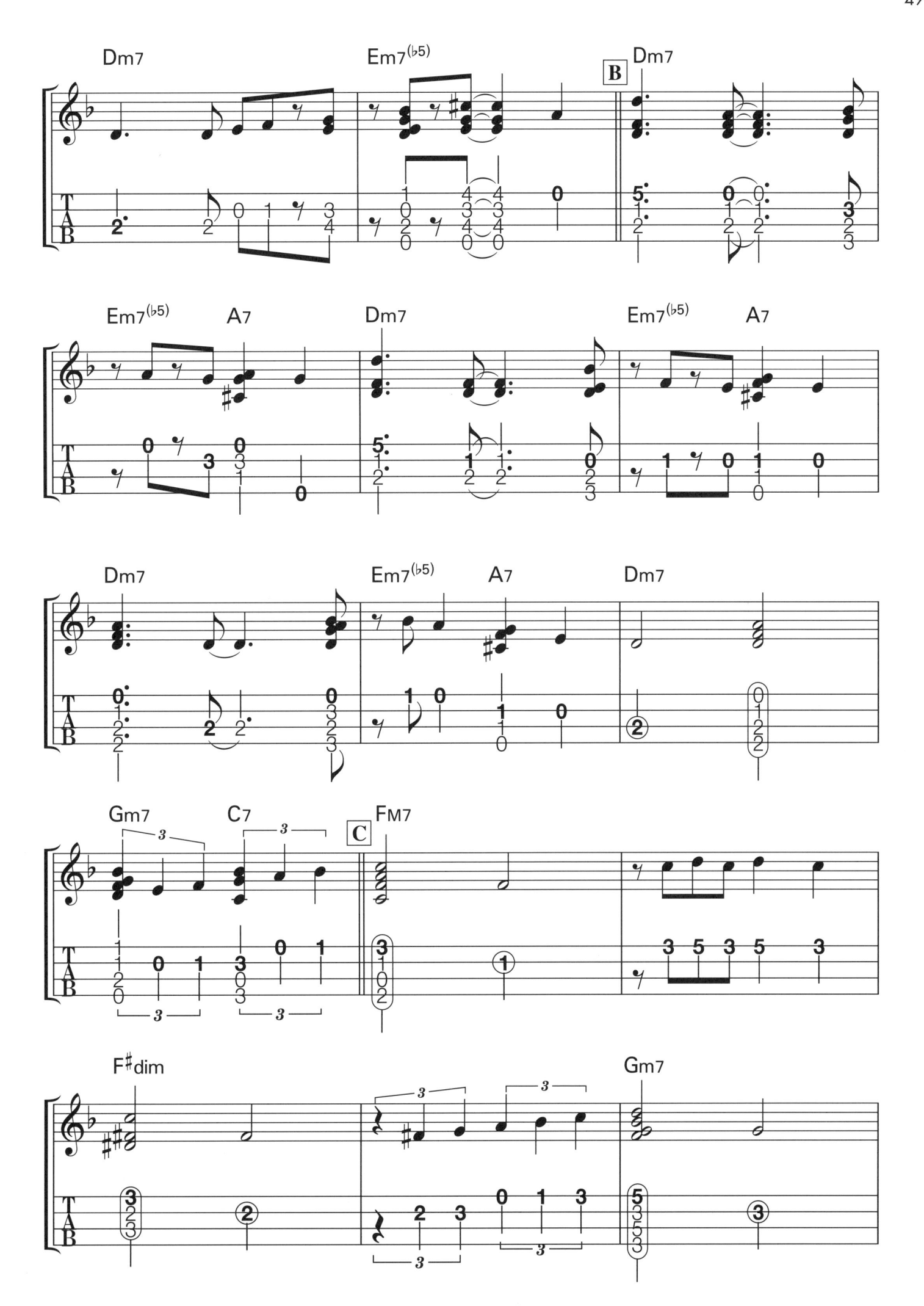

'S Wonderful

Music by George Gershwin

52

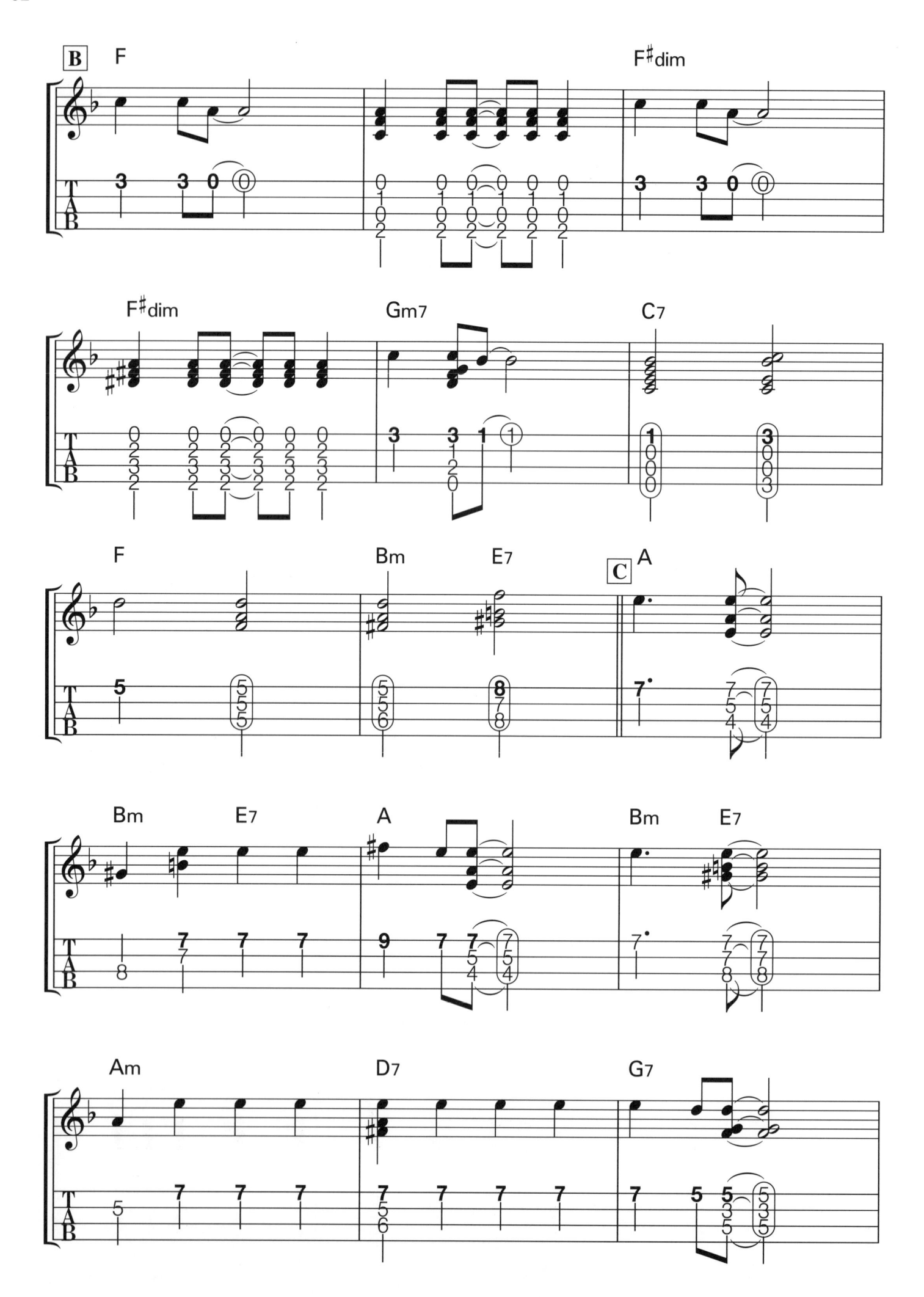

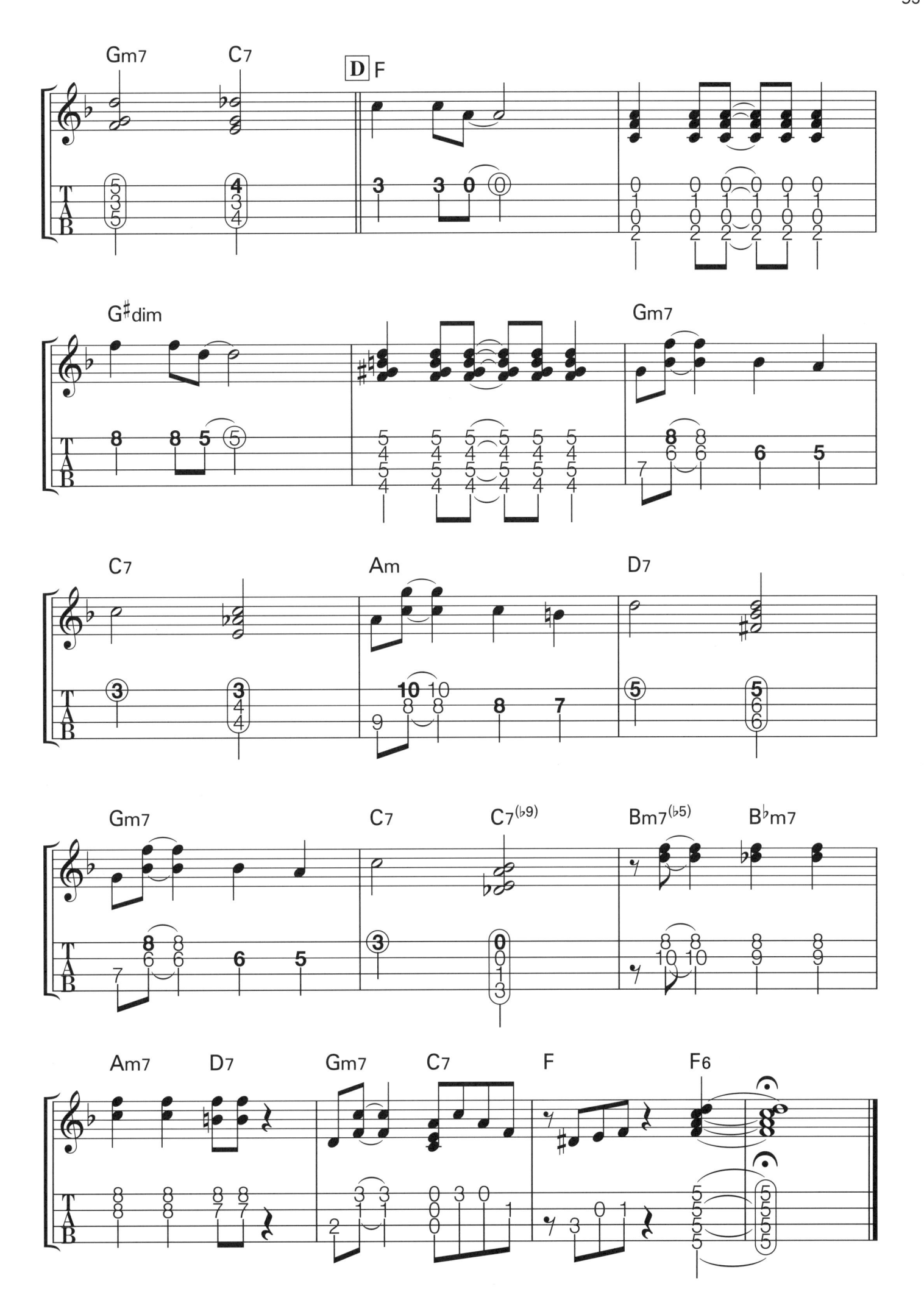

Someday My Prince Will Come

Music by Frank Churchill

CD TRACK 19

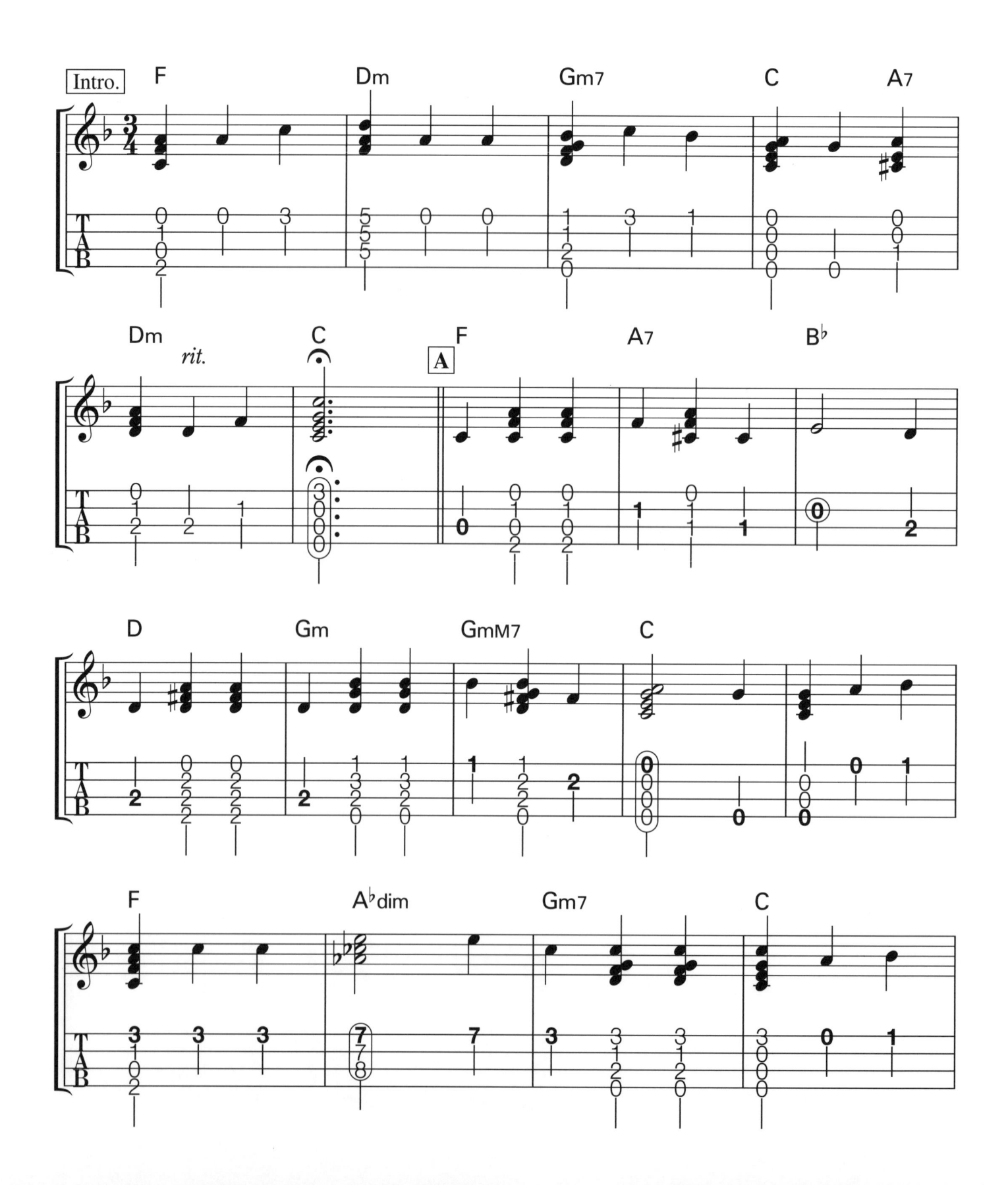

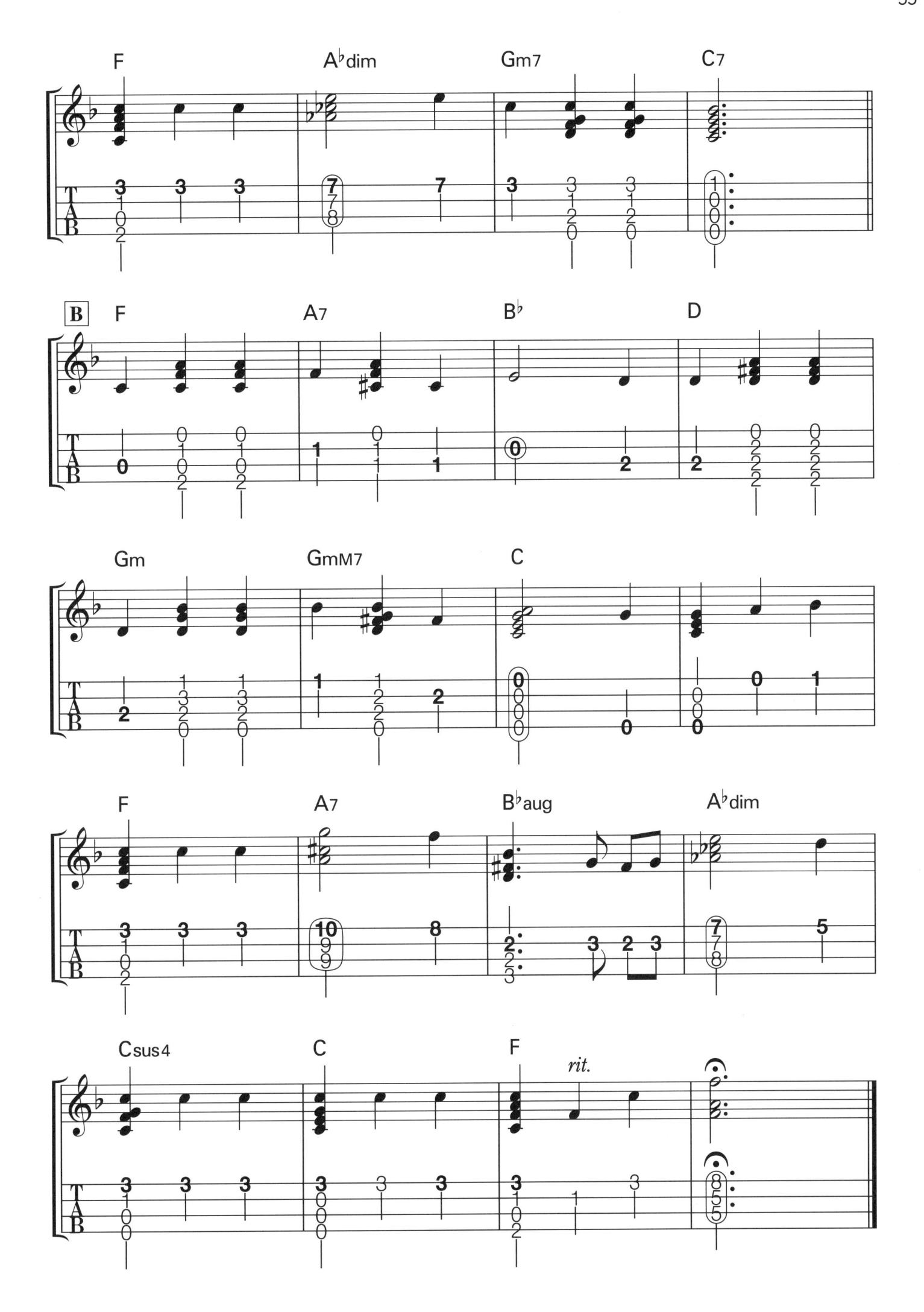

St. Thomas

Music by Sonny Rollins

CD TRACK 20

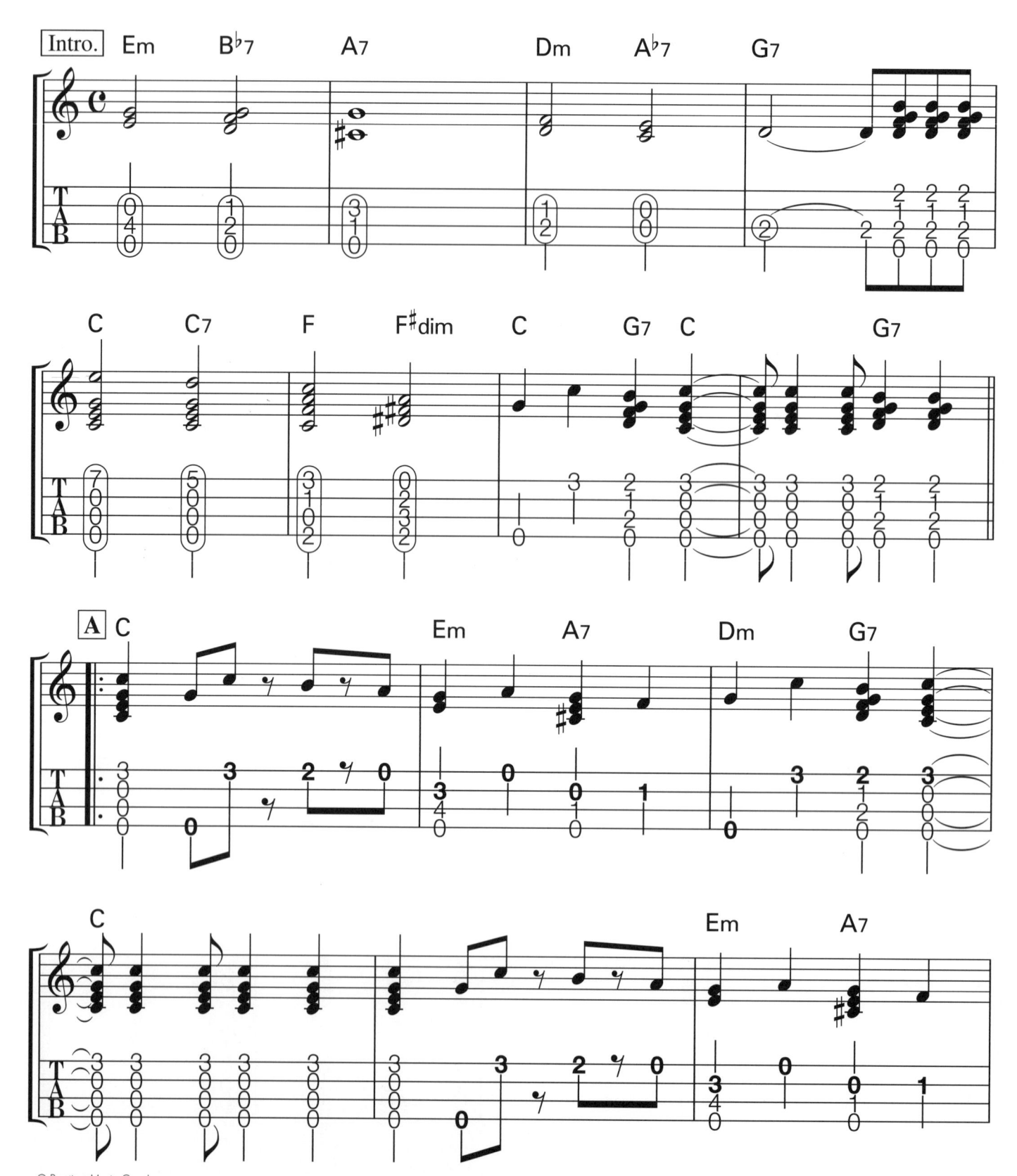

Take the "A" Train

Words & Music by Billy Strayhorn

© 1941 TEMPO MUSIC INC.
All Rights Reserved.
Print rights for Japan administered by Yamaha Music Entertainment Holdings, Inc.

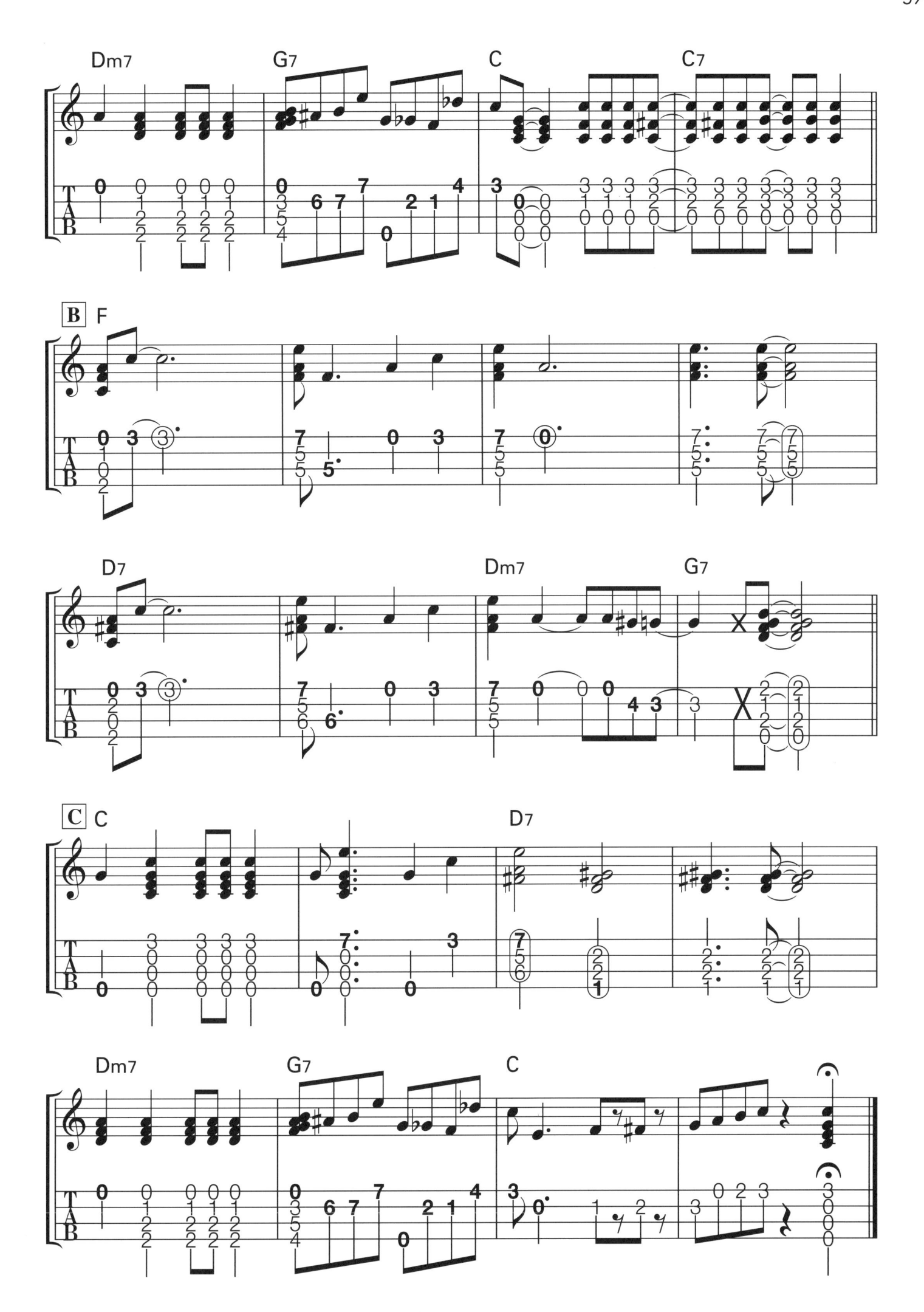

What a Wonderful World

Words & Music by Robert Thiele and George David Weiss

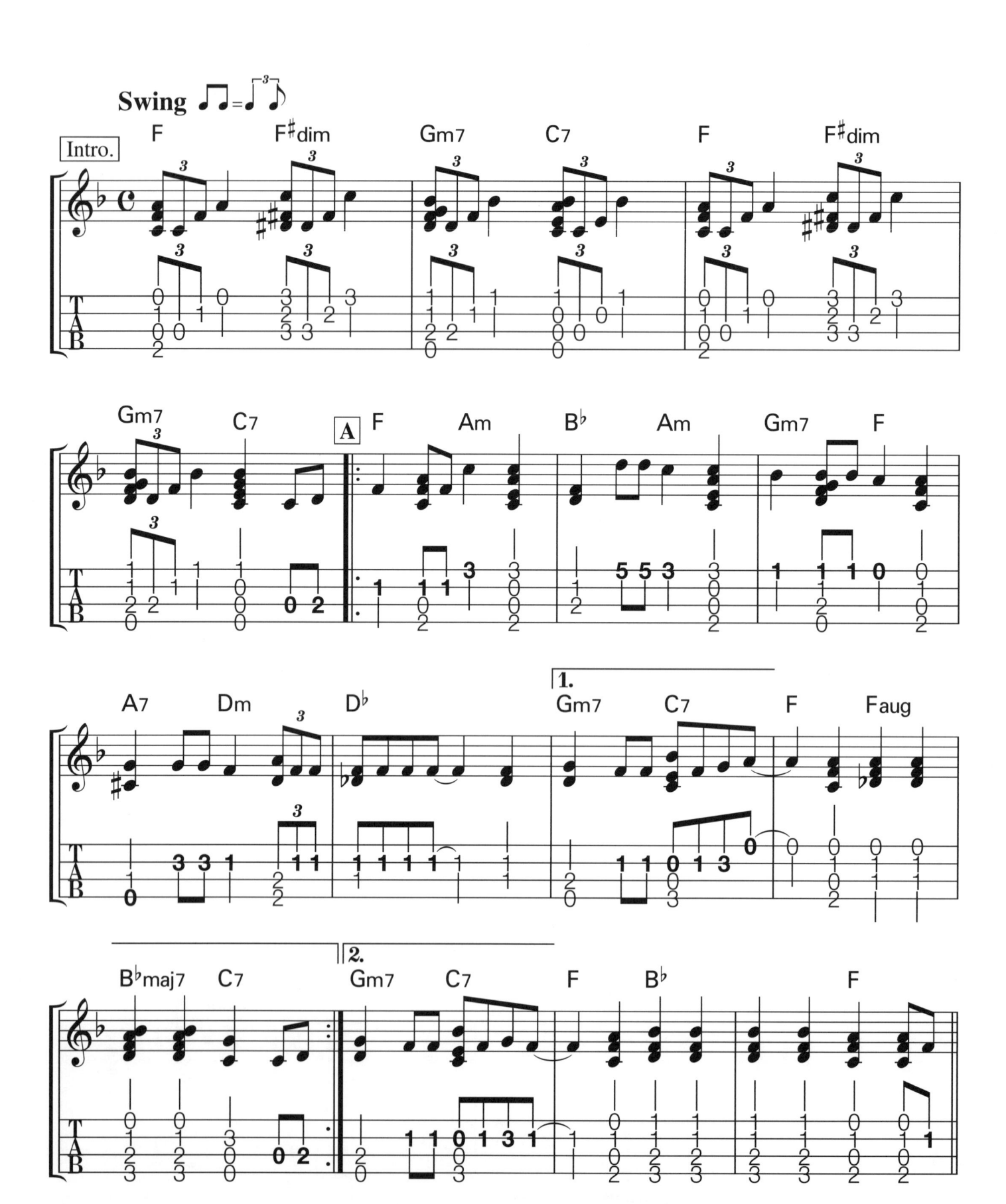

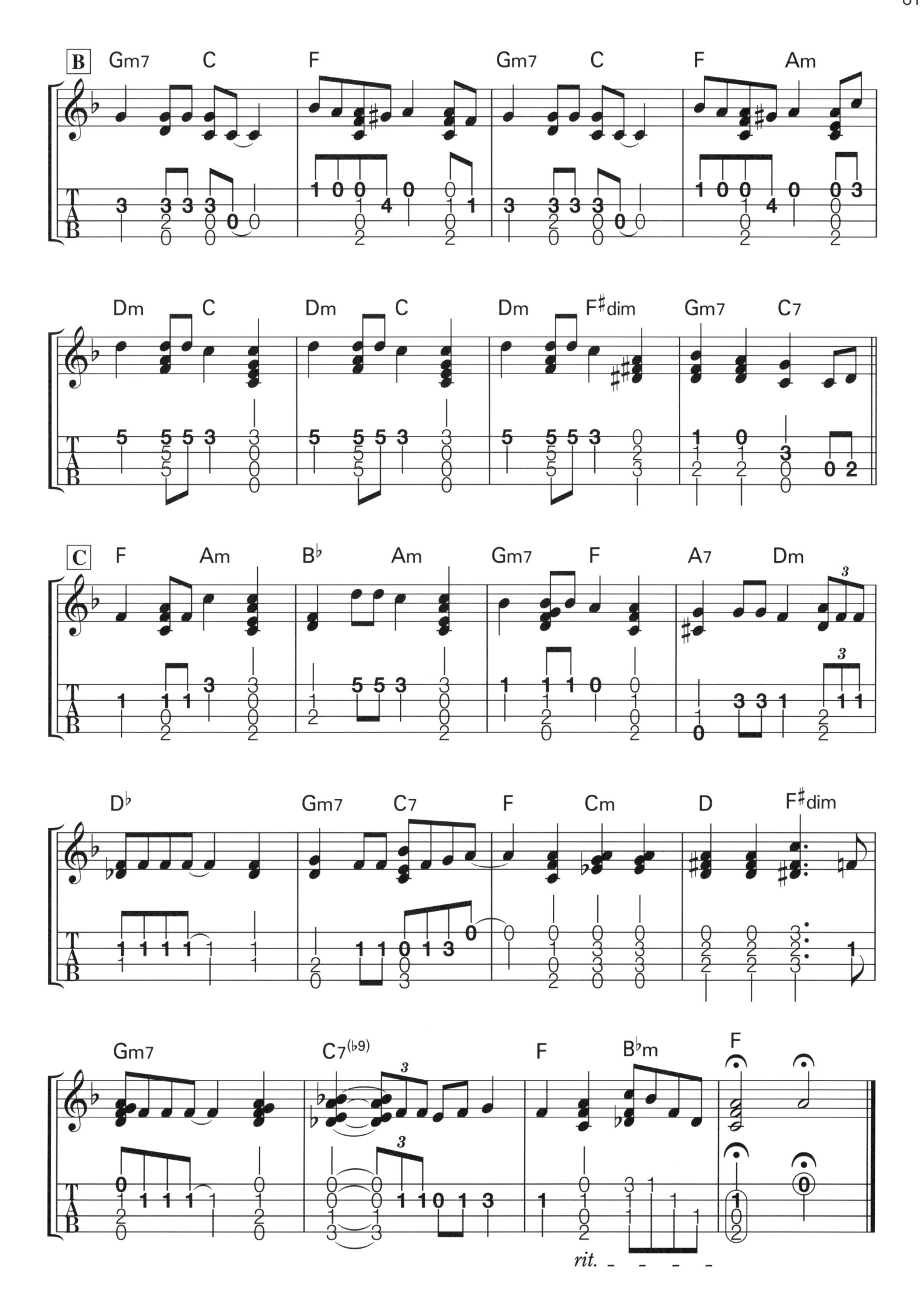

When You Wish Upon a Star

Words by Ned Washington   Music by Leigh Harline

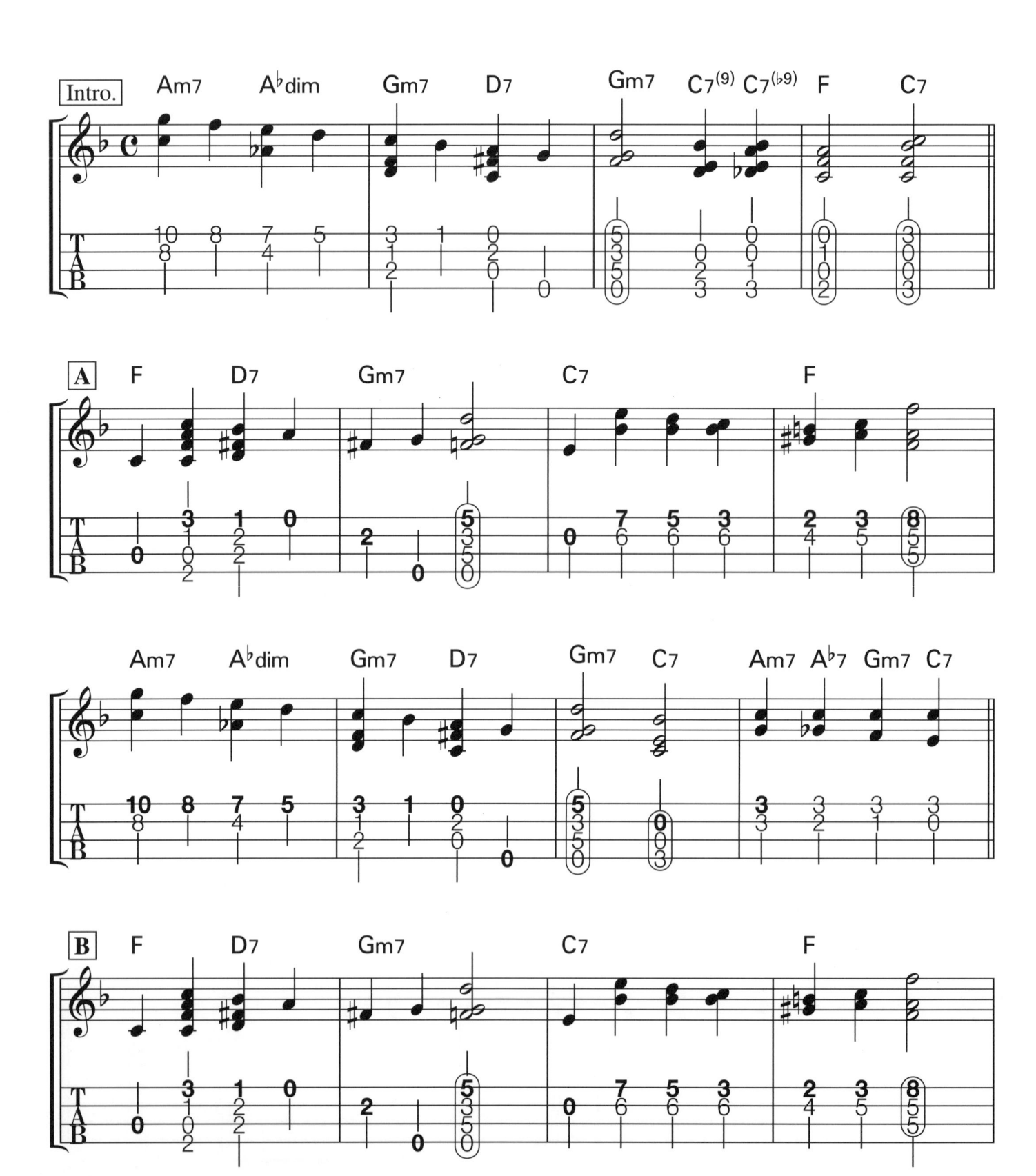

You'd Be So Nice to Come Home to

Words & Music by Cole Porter

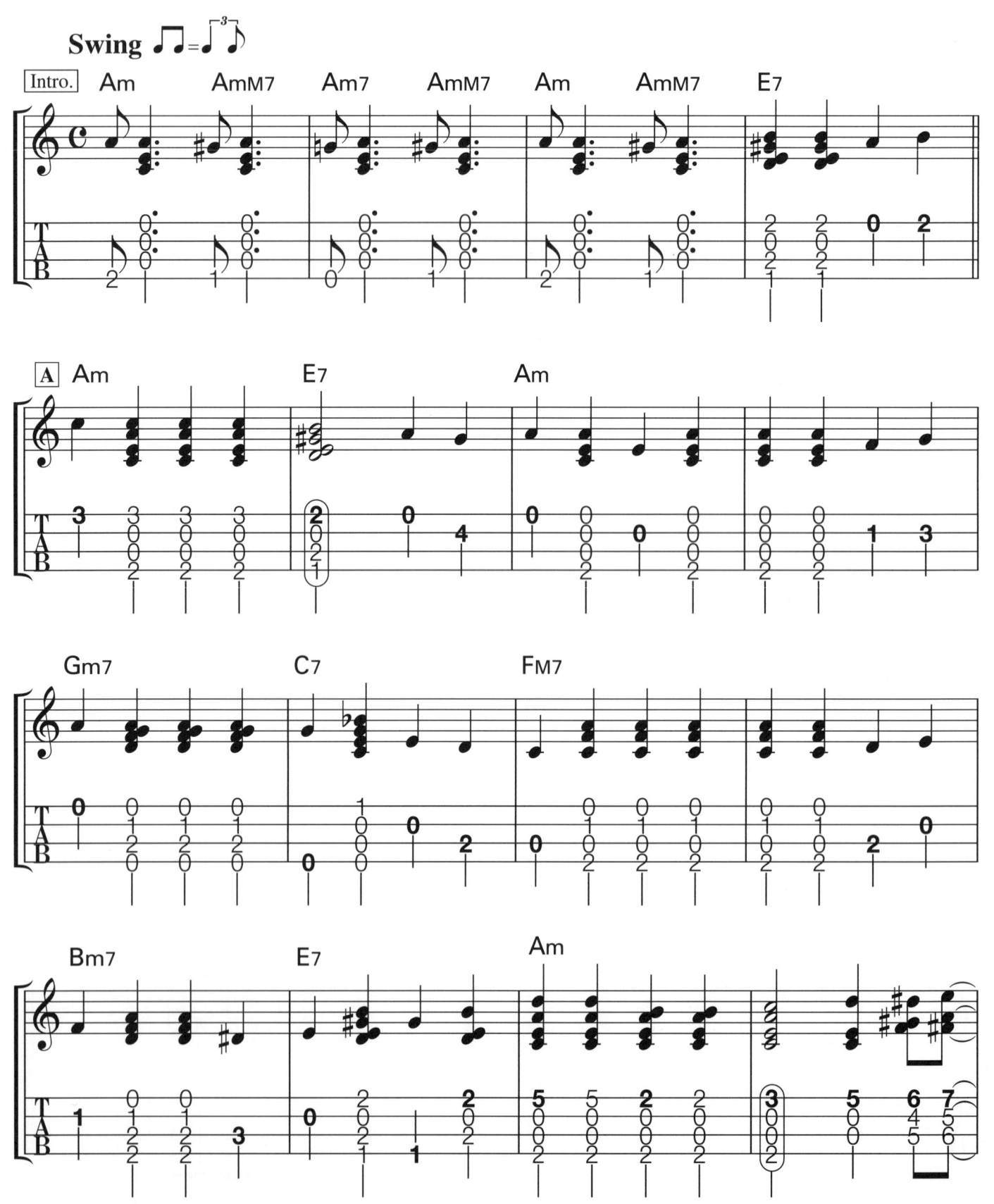

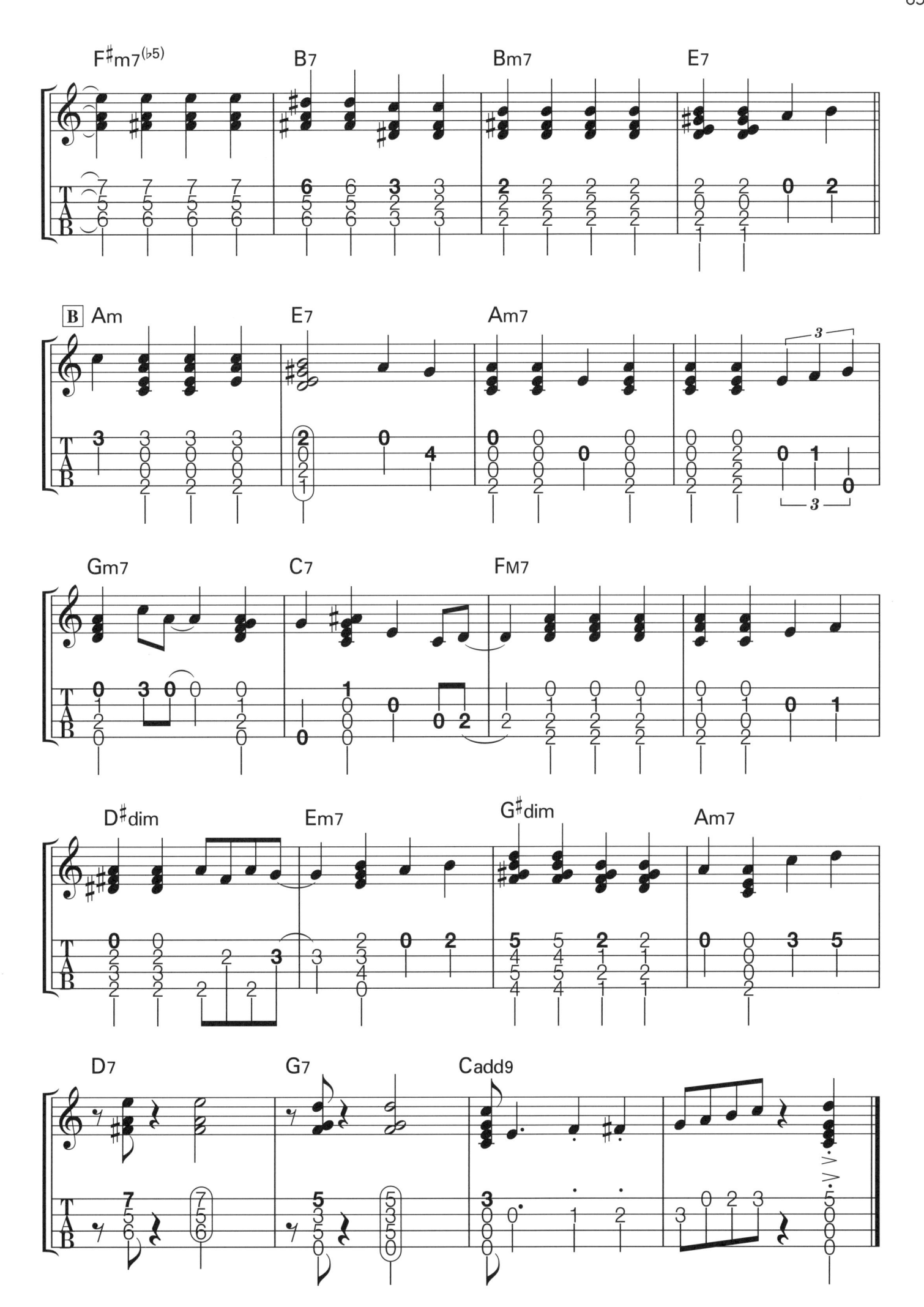

Summertime

Music by George Gershwin

68

Little Brown Jug

CD TRACK 26

Music by Joseph Winner

Moonlight Serenade

Music by Glenn Miller

Smoke Gets in Your Eyes

Music by Jerome Kern

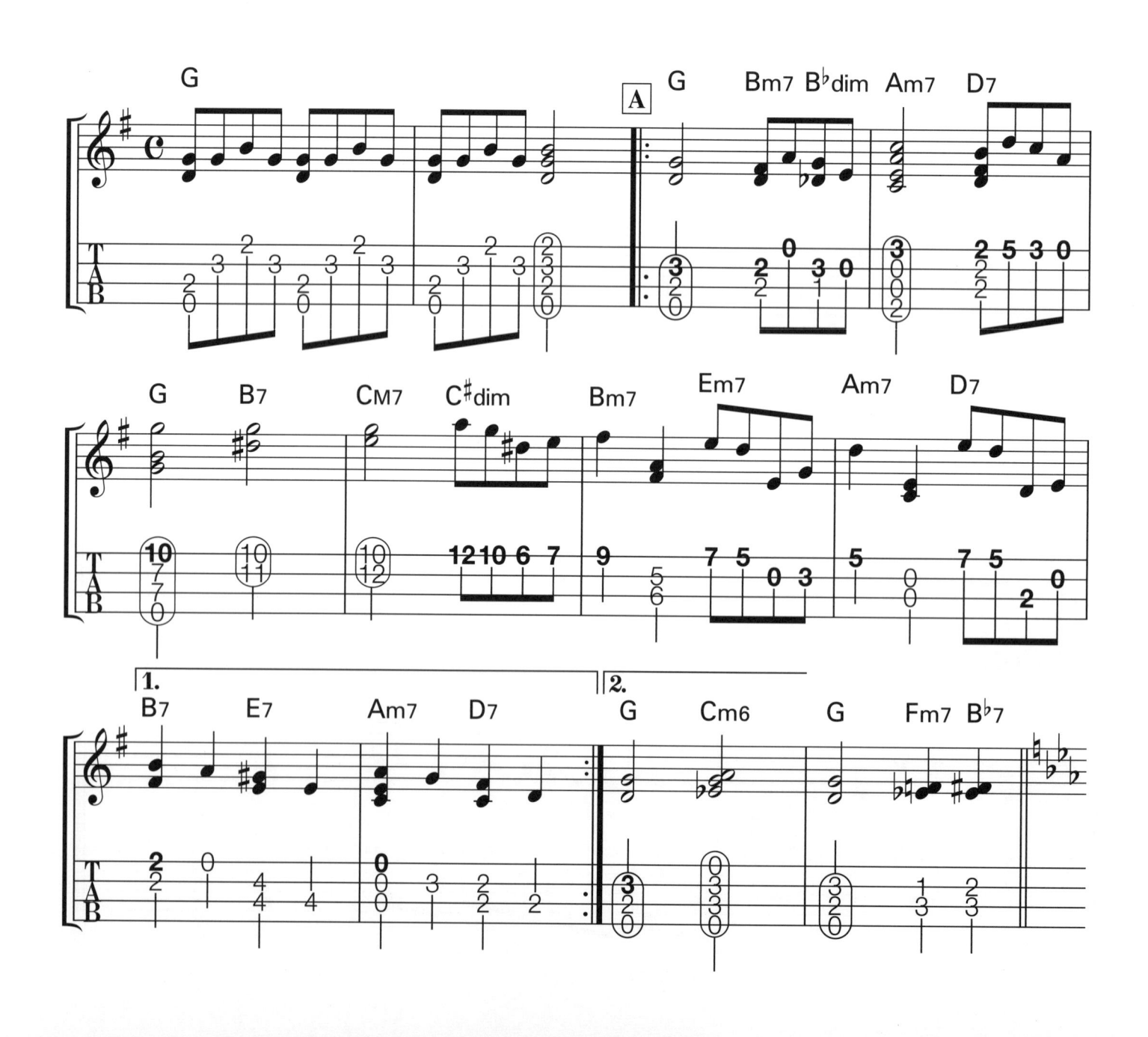

Tea for Two

Music by Vincent Youmans

CD TRACK 29

Amazing Grace

Traditional

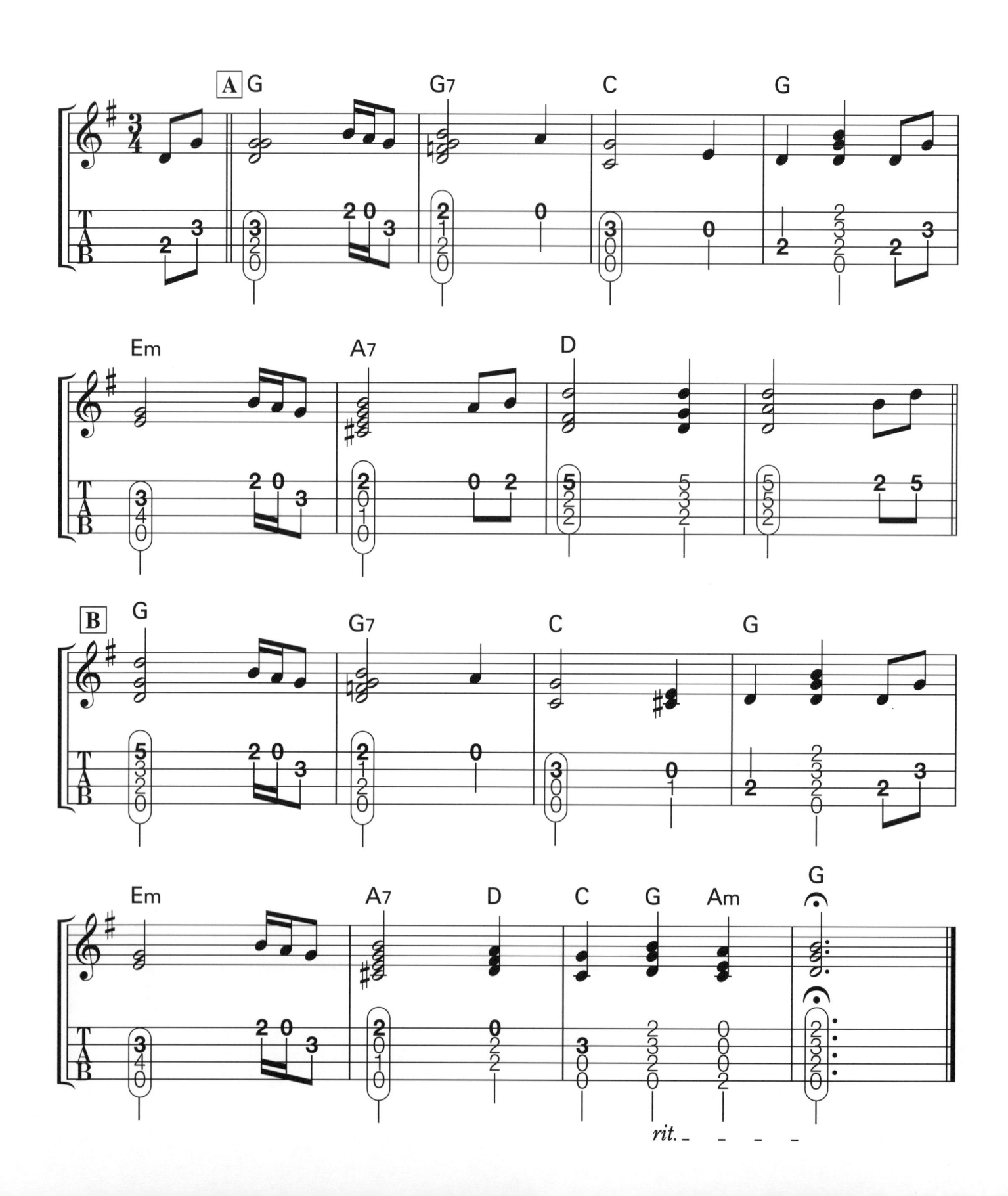

ゆる〜り ウクレレ気分

● ソロ・ウクレレ曲集

ゆる〜りウクレレ気分
やさしく弾けちゃうソロ・ウクレレ
J-POP編 1 改訂版 CD付き

菊倍判／92頁／定価〔本体 2,200円＋税〕
ISBN978-4-86633-459-2　JAN4589496594591

【掲載曲】ヘビーローテーション／いつも何度でも／糸／PRIDE／涙そうそう／いとしのエリー／Tomorrow never knows／桜坂／赤いスイートピー／君をのせて／涙のリクエスト／夜空ノムコウ／心の旅／なごり雪／白い恋人達／北の国から／翼をください／地上の星／リンダリンダ／雨あがりの夜空に／今すぐKiss Me／チェリー／未来へ／LOVE LOVE LOVE／Ya Ya（あの時代を忘れない）／家族になろうよ／川の流れのように／I LOVE...／残酷な天使のテーゼ／愛をこめて花束を 全30曲

ゆる〜りウクレレ気分
やさしく弾けちゃうソロ・ウクレレ
J-POP編 2 改訂版 CD付き

菊倍判／88頁／定価〔本体 2,200円＋税〕
ISBN978-4-86633-539-1　JAN4589496595390

【掲載曲】ありがとう／どんなときも。／負けないで／ワインレッドの心／ダンデライオン／たしかなこと／フレンズ／浪漫飛行／アジアの純真／世界中の誰よりきっと／夏祭り／M／未来予想図Ⅱ／TOMORROW／瞳をとじて／手紙 〜拝啓 十五の君へ〜／First Love／栄光の架橋／島唄／島人ぬ宝／さくら（独唱）／本能／やさしくなりたい／カブトムシ／クリスマス・イブ／時の流れに身をまかせ／愛燦燦／裸の心／虹／アイノカタチ 全30曲

ゆる〜りウクレレ気分
やさしく弾けちゃうソロ・ウクレレ
J-POP編 3 CD付き

菊倍判／96頁／定価〔本体 2,000円＋税〕
ISBN978-4-86414-712-5　JAN4560378567124

【掲載曲】ハナミズキ／恋するフォーチュンクッキー／ロビンソン／蕾／あなたに／青空／タイガー＆ドラゴン／少年時代／卒業写真／硝子の少年／Best Friend／眠れぬ夜／悲しみにさよなら／壊れかけのRadio／TRUE LOVE／想い出がいっぱい／ラブ・ストーリーは突然に／I LOVE YOU／Runner／ひだまりの詩／青春の影／翼の折れたエンジェル／空も飛べるはず／オリビアを聴きながら／部屋とYシャツと私／Story／ありがとう 全27曲。

ゆる〜りウクレレ気分
やさしく弾けちゃうソロ・ウクレレ
JAZZ編 改訂版 CD付き

菊倍判／80頁／定価〔本体 2,200円＋税〕
ISBN978-4-86633-304-5　JAN4589496593044

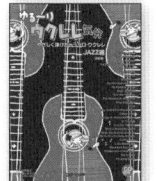

【掲載曲】オール・オブ・ミー／枯葉／時の過ぎゆくまま／キャラバン／酒とバラの日々／フライ・ミー・トゥ・ザ・ムーン／アイ・ガット・リズム／モーニン／ムーン・リヴァー／マイ・ワン・アンド・オンリー・ラヴ／マイ・フェイバリット・シングス／夜も昼も／虹の彼方に／いそしぎ／シング・シング・シング／スマイル／朝日のようにさわやかに／スワンダフル／いつか王子さまが／セント・トーマス／A列車で行こう／この素晴らしき世界／星に願いを／ユード・ビー・ソー・ナイス・トゥ・カム・ホーム・トゥ／サマータイム／茶色の小びん／ムーンライト・セレナーデ／煙が目にしみる／二人でお茶を／アメイジング・グレイス 全30曲。

ゆる〜りウクレレ気分
やさしく弾けちゃうソロ・ウクレレ
スタジオジブリ編 改訂版

菊倍判／88頁／定価〔本体 1,500円＋税〕
ISBN978-4-86633-278-9　JAN4589496592788

【掲載曲】風の谷のナウシカ／遠い日々／君をのせて／ハトと少年／となりのトトロ／さんぽ／風のとおり道／ねこバス／ルージュの伝言／海の見える街／やさしさに包まれたなら／埴生の宿／マルコとジーナのテーマ／カントリー・ロード／もののけ姫／いつも何度でも／いのちの名前／愛は花、君はその種子／風になる／人生のメリーゴーランド／世界の約束／テルーの唄／崖の上のポニョ／海のおかあさん／Arrietty's Song／さよならの夏／ひこうき雲 全27曲（YouTubeで模範演奏が聞けます！）。

● 弾き語り曲集

ゆる〜りウクレレ気分
やさしく弾き語り
J-POP編 改訂版

菊倍判／132頁／定価〔本体 1,800円＋税〕
ISBN978-4-86633-526-1　JAN4589496595260

原曲のテイストを生かした、イントロやエンディングも付いているアレンジなので、発表会やライヴでそのまま使える弾き語り曲集です。
【掲載曲】糸／Slow & Easy／ハナミズキ／赤いスイートピー／空も飛べるはず／涙そうそう／夢をかなえてドラえもん／にじ／真夏の果実／卒業写真／オリビアを聴きながら／心の友／ひまわりの約束／海の声／手紙 〜拝啓 十五の君へ〜／歌うたいのバラッド／Lemon／マリーゴールド／小さな恋のうた／風になる／虹／いのちの歌／裸の心／アイノカタチ 他 全38曲

● アンサンブル曲集

ゆる〜りウクレレ気分
みんなで弾けちゃう
アンサンブル編 改訂版 CD付き

菊倍判／84頁／定価〔本体 3,000円＋税〕
ISBN978-4-86633-510-0　JAN4589496595109

初心者から経験者までみんなで楽しめるウクレレ・アンサンブル曲集。楽譜は各パート別のTAB譜を掲載。アンサンブル演奏を収録した模範演奏CD付き。【掲載曲】《二重奏》あなたに／アヴェ・マリア 《三重奏》ロコ・モーション／涙そうそう／ニュー・シネマ・パラダイス／サザエさん／海の見える街／伝説のチャンピオン／フライ・ミー・トゥ・ザ・ムーン／赤いスイートピー／ブラジル／セント・トーマス／Strumming Island／チェリー／恋人たちのクリスマス／情熱大陸 《四重奏》ルパン三世のテーマ 全17曲。

● ウクレレ教本

ゆる〜りウクレレ気分
ようこそウクレレ楽園へ
入門編 改訂版

菊倍判／60頁／定価〔本体 1,200円＋税〕
ISBN978-4-86633-273-4　JAN4589496592733

大好評「ゆる〜りウクレレ気分」シリーズのウクレレ教本です。はじめてウクレレを手にされた方から、少しウクレレを弾いたことがある方を対象に、1時間目から6時間目までの単元を進んでいくことで、自然とウクレレの演奏に必要な技術が身についていくことを意図しています。メロディ、コード、弾き語りなどを習得していくことによって本書の最後にはソロの演奏もできるようになっています。YouTubeで模範演奏が聞けます！

ウクレレ・コード表

コードの種類 ＼ ルート	メジャー ☐	メジャーセブンス ☐M7	セブンス ☐7	シックス ☐6	マイナー ☐m	マイナーセブンス ☐m7
C						
C# D♭						
D						
D# E♭						
E						
F						
F# G♭						
G						
G# A♭						
A						
A# B♭						
B						

※ここに掲載したコードの押さえ方は一例です。この他にもたくさんの種類や押さえ方があります。

ゆる〜りウクレレ気分
やさしく弾けちゃうソロ・ウクレレ JAZZ編 改訂版

監　　修　辻井裕之

制　　作　株式会社 桃山社中 MUSIC CREATIVE　momoyamashachu.com

　　　　　（辻井裕之、前田太郎、坂本隆寛、小泉博、KYAS、Hook）

表紙イラスト　ウマカケバクミコ　umakakeba.net

モ デ ル　鈴木梨緒

発 行 日　2019年1月31日　初版
　　　　　2021年4月20日　2版

発 行 所　株式会社デプロMP

　　　　　〒162-0814 東京都新宿区新小川町8-7

　　　　　TEL.03-5206-2238　FAX.03-3268-0328

　　　　　ホームページ　www.depromp.co.jp

　　　　　定価（本体2200円＋税）

　　　　　ISBN978-4-86633-304-5

　　　　　JASRAC 出 1814332-102
　　　　　（許諾番号の対象は当該出版物中、当協会が許諾することのできる著作物に限られます。）

〈本書について〉
本書掲載楽譜は、原曲を参考にして、ウクレレ用にアレンジされたものです。